自分を立てなおす対話

加藤雅則
Masanori Kato

日本経済新聞出版社

まえがき

本書を手に取っていただき、ありがとうございます。この本は、組織の中で、葛藤や自己矛盾を抱えながら働いている人に読んでいただきたいと思って書いた本です。組織で働いていると、「どうしてなんだ?」「なぜなんだ?」「やってられない」と、思わずつぶやいてしまう瞬間はないでしょうか。上層部の意思決定がおかしい、組織上の仕組みが変だ、人事異動に納得できない……等々。いわゆる、組織の〝理不尽な問題〟に、遭遇する瞬間です。そして、その問題を自分なりに考えているうちに、思考の堂々巡りに、はまってしまう。考えれば考えるほど、どうにも納得できない。モヤモヤ感が残る。もう諦めそうになってしまう。

この本は、〝理不尽な問題〟に直面した時に、「まず自分を立てなおしましょう。そのためには、仲間の力を借りるといいよ」という内容の本です。具体的には、「自分を立てなおすための対話」の提案です。〝理不尽な問題〟には、ロジカルに問題解決しようとするのではなく、対話によって「問題をほぐす」というアプローチが有効です。

また、本書は、問題の状況から逃げ出したり、諦めてしまったり、逆に、正面切って衝突したりするわけではなく、なんとかまず自分を立てなおしたい。そう思っていた人たちが、実際に行われた対話を通じて、自分を立てなおした実践の記録でもあります。合併統合、リストラ、昇格選抜漏れ、事業の立ち上げ、研究開発の断念など、まさしく正念場で行われた「本音の対話」の記録です。さまざまな企業組織で実践されてきた生事例の中に、組織で働くみなさん自身の姿を見出されることでしょう。他の人たちが、どうやって自分を立てなおしていったのか、その軌跡を追体験していただければと思っています。そこには、組織で働くヒント、少し大げさに言えば、生き方のヒントが見つかるかもしれません。

したがって本書は、組織の成果を出すためのスキル本ではありません（実際には、企業研修の形を活用して実施しているので、研修による組織開発支援という側面も少しありますが）。自分が働いている組織の理不尽な問題を入口にして、お互いの話をしてみたい、聴いてみたい。そういう方に最適です。まずざっと目次を見ていただき、できれば1章の最初の部分をパラパラとめくってみて、すっと言葉が入ってくる方には、お手元に置いていただけると嬉しいです。

この本を参考にして、いまの組織の中で、いまのポジションで、自分を立てなおす対話が生まれることを願っています。

『自分を立てなおす対話』目次

3 問題をほぐす対話

装幀・本文設計――竹内雄二
DTP――マッドハウス

1 理不尽な問題を抱えて働く

組織から聞こえるつぶやき

正直、ここ数年、会社には裏切られたと思ってますよ。約束が違うと。「そっちがそのつもりなら、俺も割り切ってやろう」って思ってる。もともとは「技術水準の高いマザー工場はつぶさない」という話だったんですよ。それでローンを組んで、家も買ってしまったし。

それが突然の工場閉鎖でしょ。「早期退職か配置転換か、選択しろ」と言われて、俺は配置転換を選びましたよ。だって家のローン、払えないでしょ。だから、この年齢で、単身赴任してるんですよ。いまさら、技能伝承してくれって、言われてもね……。本社の企画の連中には、「俺たち、現場を舐《な》めんなよ！」と言いたいね。

（工場閉鎖に伴う配置転換、大手機械メーカー、特殊技能職、54歳）

よりによって、なんであの会社なんですかねぇ。入社以来ずっとライバルで、あの会社の裏をかくことが、僕らの仕事だったんですよ。あれだけの規模の会社との合併ですから、対等の精神で、とか口では言ってもねぇ。結局、呑みこまれてしまうわけでしょ。部長のポストだって、半分以下、下手したら3分の1以下にしないと、合併効果もないでしょうし。来年には部長職になれたのにねぇ。

上の経営判断としては分かるけど、個人的には厳しいなぁ。理解はできるが、納得していない。下手すると外に出されるかもしれないし、この年で転職するのもキツイしなぁ。

（合併に伴うポスト統廃合、大手エネルギー会社、副部長、48歳）

「至上命題だ、売り上げが最重要課題だ！」とか言いながら、また部下を企画に引っこ抜かれました。右腕になると思ってた奴なんですけどね。

結局、なんだかんだ言っても、うちは、営業軽視の文化なんですよ。企画している奴、戦略を立てている奴が一番エライし、出世もする。昨年は、人事と事業企画室に2人抜かれましたから。

これで、売り上げを上げろ、人を育てろって、一体どうすりゃいいんですかね？　本部長も長いものには巻かれますからね。自分たちのような最前線の兵隊を守ってくれる人なんて、誰もいませんから。勝手に討ち死にですよ。

（社内における人材争奪戦、大手通信会社、営業マネージャー、38歳）

僕らシステム部門は、お客さんである各カンパニーとの関係とか、新しい技術を使ってみて本当に動くのかとか、お客さんの現場に張り付いてひとりで仕事をしているメンバーの様子に気を配らないといけないとか、日々、いろんなプレッシャーがありますよ。

それは仕事なんで、なんとか耐えられるんですけど、一番きついのは、〝後ろから刺される〟パターン。先日も「これがうまくいかなかったのはお前のせいだ」と、上司に他のカンパニー長の前で叱責されましてね。一人ぼっちになった気がして、「誰が守ってくれるのか、この会社では……」と思ってしまいました。このままいくと、一線を越えてしまいそうで危ないなぁ、と自分でも思っているんです。

（上司の裏切り、大手金融機関、システム部門マネージャー、39歳）

何度も議論を重ねた話が、またこれですよ。いつものパターンです。オーナー一族の思慮のない、無責任な発言で、話がひっくり返ってしまう。自分たちの一族のために会社がある、と思ってる人たちなんです。会社を完全に私物化してますよ。僕たちは使用人じゃないんですけどねぇ。

社長もここであいう人たちを切れるのか、切れないのか。正念場でしょうね。僕らは、じっと見てますよ。それなりの決断をしてくれないのなら、個人的には重大な判断をしないといけない。もう我慢の限界です。

（オーナー一族との葛藤、オーナー系中堅商社、社長企画室マネージャー、34歳）

所長は「世界に負けない独創的な研究をしろ！」と言うんです。言われているからこそ、先日も新規テーマの提案をしたんですよ。でも結局、上司はリスクをとれない。あの人は、ありきたりの研究、後追いの研究ばかりしているんです。過去の栄光にしがみついている。時代は変わっているのに。お陰で、自分はその下請け作業ばかり。なんか疲れちゃいました。土日も出勤して、データを集めてきたのに。

このまま、この研究所のやり方を踏襲していても、先は見えてきませんよ。画期的な研究ができるのは35歳まで、って言われてるんです。このまま僕の研究人生は終わってしまうのかなぁ。それで営業とかに回されたら、目もあてられませんよ。

（研究テーマの選択、大手薬品メーカー中央研究所、研究職、32才）

もしあなたが、こんな厄介な話を持ちかけられたら、どうしますか？　一緒に問題を解決できる感じはするでしょうか？　思いつくことと言えば、一緒にお酒を飲んで、「俺だってさぁ……」と、自分の話をしたり、肩をたたいて慰めたりするくらいではないでしょうか。

突然の工場閉鎖、吸収合併、人事異動、株主との対立、目標の押し付け。組織の中で働いていると、個人ではどうにもならない問題に直面することがあります。怒り、哀しみ、あきらめ感。気持ちの持っていきようのない問題。原因を誰のせいにもできない問題。原因を特定できたとしても、解決策を実行できない問題。いわば理不尽な問題です。こうした問題に直面すると、「なんでアイツが……」「どうしてオレが……」と、思わず心の中でつぶやいてしまったり、「どうせ……」と投げやりに諦めてしまったり、「やっぱり自分は……」と自信をなくしてしまうようなこともあるでしょう。経済全体が縮小する中で、思わぬ理不尽な問題や出来事に遭遇する確率は増えています。

組織の中の孤立化現象

こうした理不尽な問題が発生しやすくなる中で、その問題をひとりで抱え込まざるを得ない状況があります。組織の中の、「個人の孤立化」現象です。

仕事の内容は専門性が高度化し、また仕事のやり方もさらなる効率化が求められる中で、組織の機能はここ10年でかなり細分化されてきました。同時進行で、個人の責任を明確にする業績評価制度の定着もありました。細分化された組織の中で、個人が孤立しやすくなっているのです。

「隣の席の人がやっている仕事の内容がよく分からない」という、ちょっと笑えない話もよくあります。さらに、メール主体の仕事の進め方が定着してきました。「隣の席の人にもメールで連絡する」という感覚です。

また実際、「とりあえず関係しそうだから、ccに名前を入れておく」、いわゆる社内リスクヘッジも頻繁に行われるようになりました。その結果、1日何百件のメールが届き、メールを読むだけでも、四苦八苦です。自分の案件にも、多くのメンバーが関与しているように見えるのですが、実際、誰が本当にサポートしてくれるのか、よく分からない。

「専門化×(効率化×情報化)＝組織の細分化」によって、組織の中で働く個人は、以前とくらべると孤立しやすくなっているのです。

一方、人材開発の世界では、ここ10年、問題解決思考(ロジカル・シンキング)が重視されてきました。問題を分解し、根本原因を特定し、それに対する打ち手を考える。いわゆる左脳思考と呼ばれる考え方です。もともと戦略系コンサルタントの基本OSとして使われていたものが、MBAブームと重なって、多くの方が学ばれました。

わたし自身も、なかなかうまくできず苦労したひとりですが、大洞達夫氏(元マッキンゼー・パートナー、アロボ・インターナショナル㈱代表）からのひと言で、救われました。「加藤さん、直感を大切にしたらいいんですよ。自分の直感をストーリーで展開して、うまくつながれば、それでロジカルですよ」。本当に左脳思考ができる人は、実は右脳思考もバランスよくできていることを教わりました。

解決策を実行できない問題がある

話が少し脱線しましたが、こうした問題解決思考を組織の理不尽な問題、個人的に抱え込んでいる問題に適用すると、どうなるでしょうか。問題解決思考はとても切れ味がよいのですが、人が絡んでくる組織の問題、自分自身が当事者であるような問題には、あまり向いていないと思うのです。切れ味がよすぎるのです。

たとえば、組織の問題を分解して、根本原因がA事業部となったとしましょう。具体的にはA部長のことです。わたしはA部長のことを無理やり変えることはできるでしょうか。また根本原因がわたし自身であったならば、どうでしょうか。もちろん努力するのですが、問題をひとりで抱え込んでいる中で、これ以上、ふんばることができるでしょうか。

組織の中には、原因が特定できても、解決策を実行できない問題があります。原因を究明すると、また別の問題が出てきてしまう。そういう問題もあります。いくら企画部が素晴らしい分析に基づく提案書を作っても、実際には提案が放置されていることはよくありませんか。

前述の大洞氏によれば、「経営トップの経営課題は、戦略と組織の間を振り子のように揺れている」と言われます。組織の問題とは、特に人が絡んでくる問題です。この問題に個人的に関わると、問題はとても複雑になりがちです。いわゆる「理不尽な問題」です。問題解決思考だけでは、どうも割り切れない。やりすぎると、敵を作ってしまう。それゆえ、またひとりで抱え込んで悶々《もんもん》としてしまうのです。

わたし自身がそうでした。銀行から米国に派遣留学させてもらい、28歳でMBAを取得。意気揚々と日本に帰ってきました。当時、花形のユーロ資本市場の引受業務の本流に携わり、さらに抜擢されて、資産流動化・証券化の立ち上げに関わることになりました。AからZまで、ひとりで一気通貫で仕事ができる楽しさ、弁護士・公認会計士・税理士といった外部の専門家を使える知的興奮、ユーロ・マーケットの一流プレーヤーと丁々発止やりあえるダイナミズム。「日本経済新聞」の一面トップを飾るような案件をいくつも発表して、表面的には意気揚々とした7年間でした。

しかし、後半の2年間はかなり苦痛に満ちていました。「自分ひとりだけでやっている……」「案件を始めるときには数人しかいなかった会議が、なんで成功した途端に、十数人に膨れ上がるんだ?」「この案件のリスクを独りで抱えきれるのか。自分の後ろには誰もいなくて、頭取のところまでいってしまうかも……」。自分ひとりで案件を、さらには銀行全体の体質に関わる部分まで抱え込んでしまいました(抱え込んでいると思っていました)。

いま振り返ってみると、組織の中で、孤立していたのです。そして、最後は、自分で自分を追い込んでしまい、銀行を去らざるを得なくなってしまいました。当時、親しくしていた新聞記者が、退職したわたしを取材して、特集記事に次のように書きました(1)。

加藤雅則(33)は十一年間勤めた日本興業銀行を五月末に退職、かねて関心を持っていた環境問題のセミナーなどを企画するベンチャー企業に転身した。

進学校を経て有名大学に入学、就職後も金融界のエリートという世間の視線を感じていた。資金調達などのコンサルティングの力が買われ、外資系証券会社から「年俸五千万円プラス賞与で」と誘われたこともある。だが、金融界への批判が強まるなか、「本来やりたかったことにふたをしたまま、敷かれたレールの上を走る生き方に疑問が湧き、自分の気持ちに折り合いがつかなくなった」。

（ちなみに、正確にはベンチャー企業ではなく、環境教育のＮＰＯなのですが、当時はＮＰＯ法制が整備されておらず、企業の形態をとっていました）

まわりや銀行を批判しているうちに、自分自身を批判することにもなり、森林の成長率よりも高い利回りを要求する金融マーケット自体にも疑問を感じてしまった。自己矛盾の中から脱出するための転身でした。

その後、環境教育のＮＰＯは2年で挫折。家族4人を抱えて、預金もほぼ底を尽いてしまいました。やむなく、早朝はゴミ収集車に乗ったり、日中は金融庁で検査官のアルバイトをしたり、夜は大学院でファイナンスを教えたり、三足・四足の草鞋を履いて、なんとか食いつないでいました。ようやく、オーナー企業の事業投資会社でポジションを得て、一息ついたところで、偶然にも当時、米国でブームになっていたコーチングを日本に紹介するというプロジェクトに出会います。偶然キャリア（偶キャリ）の典型です。こうして、いまの人材開発の世界に入ることになりました。

「問題をほぐす」というアプローチ

ひとりで理不尽な問題を抱え込んでしまうと、身動きがとれなくなり、悶々と悩んでしまいます。最悪の場合には、わたしのように、自分で自分のことを責めてしまい、会社を辞めざるを得なくなってしまうこともあります。組織が抱える矛盾や不合理を、どうやって個人の中で消化していけばよいのでしょうか。問題解決思考だけでは、モヤモヤ感や不条理な感覚を消し去ることはできません。我慢して、呑みこんで、なんとかやり過ごすしかないのでしょうか。外部の人間ではなく当事者が、個人として、実際どのように「理不尽な問題」と向き合っているのでしょうか。

本書では、組織で働く個人が、組織の理不尽な問題を前にして、自分を立てなおすための方法を提案します。それは、「問題をほぐす」というアプローチです。理不尽な問題をほぐすことによって、自分を立てなおし、理不尽な問題を抱えても、働き続けることができるようにする。それが本書の目的です。そして、読者のみなさんが、わたしのような外部の専門家に頼ることなく、社内外の仲間同士で、お互いが抱える理不尽な問題をほぐしあうことができるようになれば、本書の目的は達成されたことになります。

「問題をほぐす」アプローチでは、問題だけに焦点を合わせるのではなく、問題を抱えている本人に注目します。問題にまつわる個人的な感情やしがらみなども、まるごと一緒に取り扱っていくアプローチです。問題解決思考、いわゆる左脳的なロジカル・シンキングとはまったく異なるアプローチです。問題へのアクセスの仕方が違います。

「問題をほぐす」とは、いきなり問題を解こうとはせず、自分が問題をどう思っているのか、まず自分の気持ちを語りなおす

図1-1｜本書の基本メッセージ

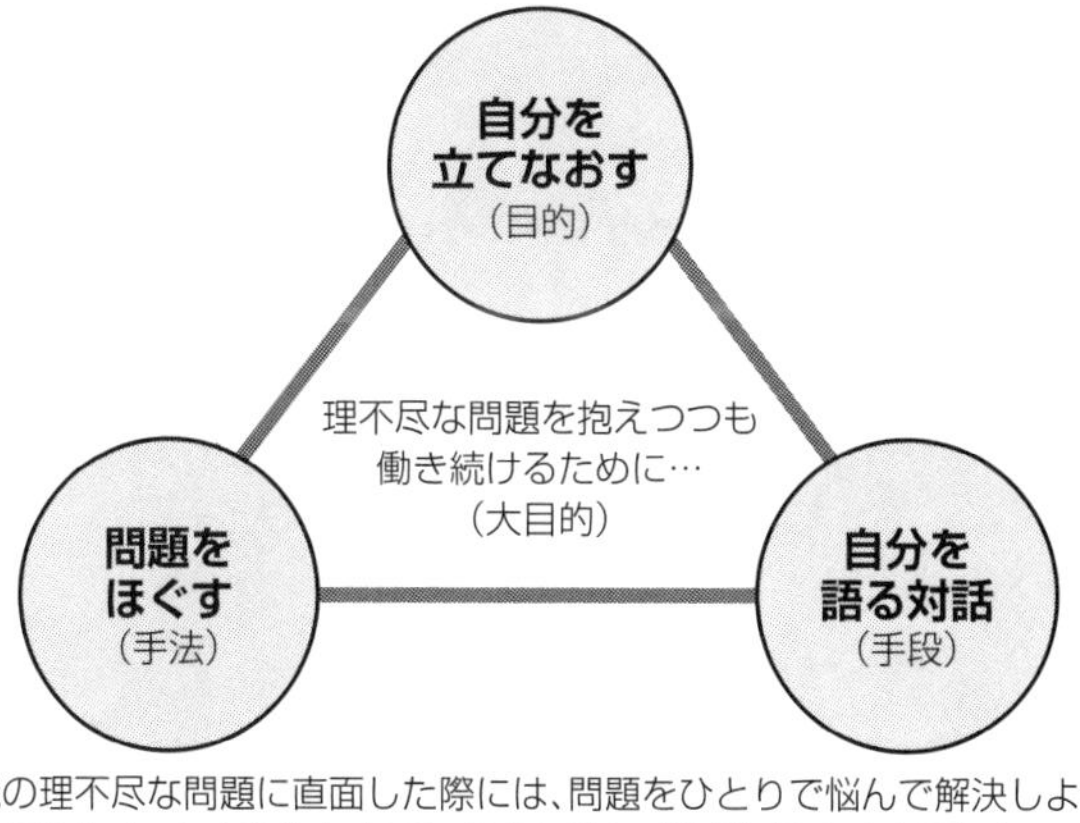

▶組織の理不尽な問題に直面した際には、問題をひとりで悩んで解決しようとするのではなく、まず自分を立てなおすために、問題をほぐすようにして、自分を語る対話をする。

「対話」を大切にします。「自分を語る対話」です。分かっていることかもしれないけれど、あえて「自分を語る対話」をすることで、問題がほぐれていく。問題を抱えている個人の中のこだわり、わだかまり、かたくなな感情などもほぐれ、うまくほぐれたときには、思わぬ解決の糸口や納得感が生まれてくる。これまで悶々と抱えていた問題が、本人の目的に変わることさえあるのです。自分が立てなおされる瞬間です。

つまり、本書のキー・メッセージは、組織の中で「自分を立てなおす」ためには、無理に問題を解決しようとするのではなく、「問題をほぐす」というアプローチを使って、「自分のことを語る対話」を実践してみませんか、ということです（図1－1）。

わたし自身が経験してきた個人セッション、集団セッションでの体験を語りなおすことを通じて、どう自分を立てなおすのか、その過程を体感していただければ嬉しいです。そして読み終えた際に、「そうだねぇ、キッカケさえあれば、人は変われるんだねぇ」という、そんなシンプルな感想をみなさんと共有できれば、筆者として、とても幸せです。

（1）初出は「日本経済新聞」1998年7月7日付朝刊1面企画「女たちの静かな革命」第六部「個からの再生」。のちに『女たちの静かな革命』（日本経済新聞社、1998年）として刊行。

2 自分を立てなおす

自分に変えられないものを受け容れる落ち着きを
変えられるものは変えていく勇気を
そして　このふたつを見分ける賢さを　与えてください。
――『平安の祈り』ラインホルト・ニーバー（米国の神学者・牧師）、ＡＡ訳(1)

自分を立てなおす

この本の根底に流れているメッセージ、読者のみなさんと共有したい基本メッセージがあります。それは、「自分を立てなおす」ということです。誰もが自分のことを話し、相手の話も聴くことで「自分自身を立てなおすことができる」というメッセージです。会社の中の理不尽な問題に直面して、かなしみに打ちひしがれても、自分を認めてほしいという欲求にさいなまれても、「ふざけるなっ！」という怒りに満ち溢れても、「自分を立てなおす」ことで、その負の感情エネルギーを正のエネルギーに転ずることができる、ということです。

「自分を立てなおす」とは、仕事における自分自身の主導権を取り戻すことです。問題に振り回されるのではなく、自らが自らをリードできる状況を回復することです。主導権を回復するには、数ある理不尽な問題群の中から、①「自分の力で変えられることと、いまの自分では変えられないことを見極めること」、そして、②「変えられることに、自らの力を集中していくこと」、この2つが必要です。

ついわたしたちは、変えられないことでも、分かってはいるのだけれど、嘆いたり、怒ったり、無力感に陥ったりしてしまいがちです。この悶々《もんもん》とした状況から抜け出すために、自分がオーナーになれる問題と、なりきれない問題に仕分けること、丁寧に仕分けすることが、鍵となります。そして、そのためには、変えられないことを受け容れる〝落ち着き〟と、変えられることに一歩踏み出す〝勇気〟を持つことが大切です。

わたしの仕事は、組織の中で働く個人の話を聴く仕事です。1対1の個人セッションの場合もあれば、20名程度の集団セッションの場合もあります。仕事が手につかないほど困っているわけではないけれど、少し迷っている、気がかりなことがある、悩んでいるなど、そうしたテーマをあえて語りなおしていただく機会をつくり、モヤモヤ感を解消していただく。そういう仕事をしています。

それはコーチやカウンセラーというよりは、インタビュアーに似ていると思っています。誰かに報告するためではなく、ご本人が自分のことを理解するためのインタビューです。そういう立場から、「自分を立てなおす」というプロセスに立ち会ってきました。そうした経験から見えてきたのが、「自分を立てなおす４つのステップ」です（図２－１）。

⓪まず建前で語りなおす

とりあえず、組織上の建前で、立場や役割上の「べき論」で、語りなおしてみ

図2-1｜自分を立てなおす４つのステップ

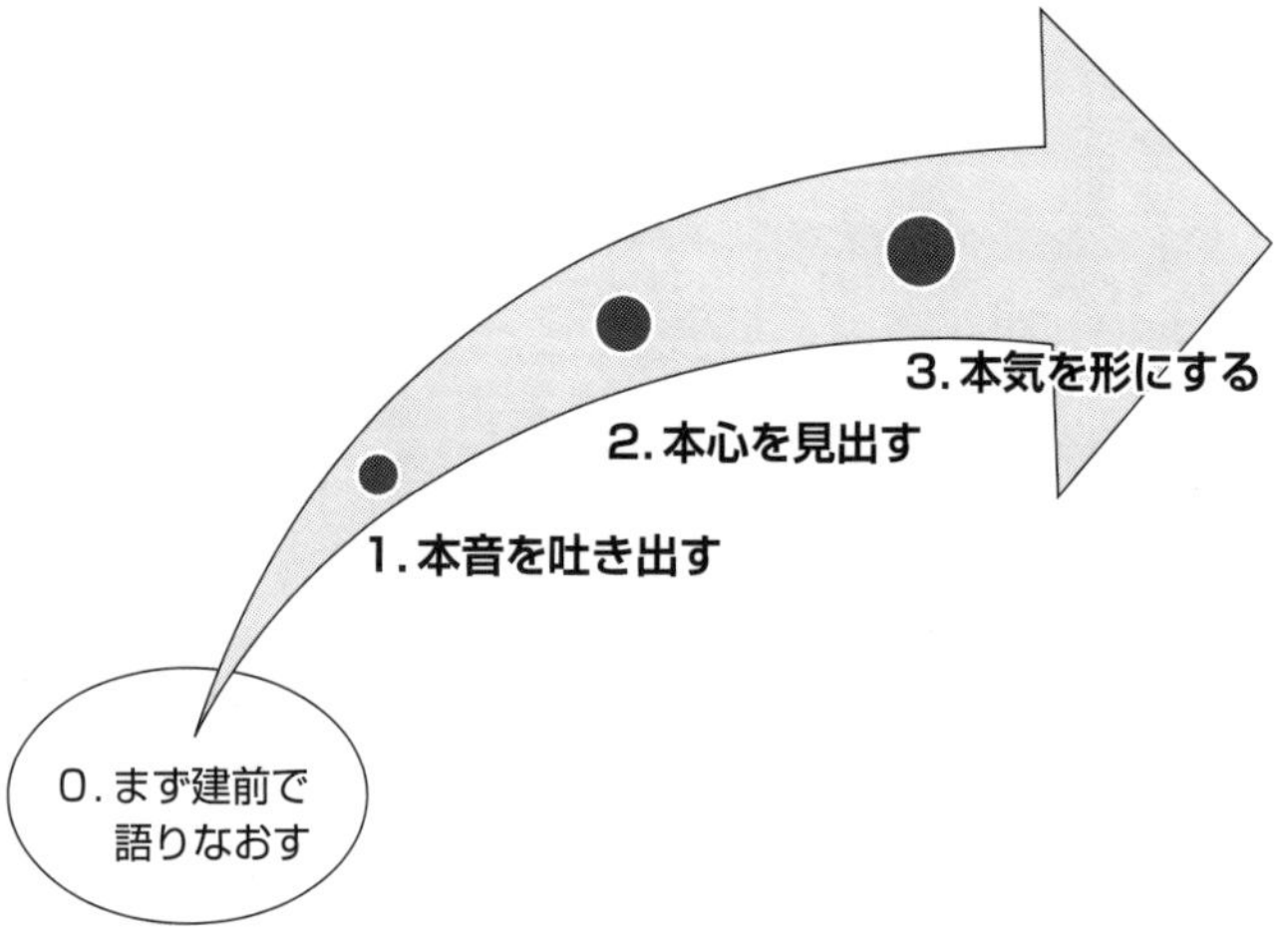

る。

①本音を吐き出す

自分が抱えている気持ちをあえて言葉にすることで、自分の中にある葛藤や矛盾を認める。

②本心を見出す

葛藤や矛盾の背後に隠れていた本心（「本当は〜したい」という気持ち）を自覚する。

③本気を形にする

本心を自分の立ち位置に据えて、いまの自分にできること、変えられることを見つけ出し、最初の出発点を作る。

組織の中で悩んでいる人の話を聴いていると、当たり前ですが、普通は組織の役割、立場上の話をされます。○○事業部長としてのコメント、○○グループリーダーとしての発言です。建前の発言、いわゆる「べき論」の話が多いのです。そうした話を聴きながらも、できるだけ、いったん立場や役割を離れて、いま困っているテーマを語りなおしてもらう。会社の問題を、いま一度、個人の問題として語りなおしてもらうのです。「組織の中の自分を語る」ということです。

具体的には、自分を主語にして、組織の理不尽な問題を語るということ。いわば、「一人称の語り」（I am ...）です。会社や社長やマーケットや誰かが主語の、いわば三人称が主語の語りではなく、ご本人が主語となる語りです。

最初は、「何が問題なのか」「どこが問題なのか」といったことを聴いていますが、徐々に一歩踏み込んで、「その問題をどう思っているのか」「どう感じているのか」、つまり、「それが、本人にとって、どう問題なのか」、本人の気持ちを中心に語ってもらうのです。

すると、最初は「どうして会社は……」「何でオレが……」「どうせわたしなんて……」「しょせん言っても……」といった〈本音〉が、ぼやき・つぶやきとして漏れてきます。こうした不平、不満、怒り、ときには弱音やあきらめ感といった〈本音〉は、会議の席ではなかなか出てきません。いわば夜の飲み会か、昼間の喫茶店の会話でしか出てこないものです。非公式な場で、ぼやき、つぶやくことで、自分の葛藤や自己矛盾から生まれてくる感情を流して、こころのバランスをとっています。

通常の会話では流してしまう、そうしたぼやきやつぶやきを、できるだけ丁寧に拾って、少しだけ、増幅してみます。「○○って、どういうことですか？」「もう少しだけ、話してもらっていいですか？」。すると、思わぬ〈本心〉が出てくることがあります。

「実は、わたし、～したかったんです」

主語が「わたし」になり、文末が「～したい」「～したかった」に変わるのです。それまでは、会社、顧客、上司などの三人称が主語で、文末は「～するしかない」「～せざるを得ない」といった語りだったのです。それが、主語が「わたし」になり、文末が「～したい」「～したかった」に変化する。こうした言葉の使い方の変化こそが、その人の〈本心〉の発露です。

理不尽な問題を前にして、渾然一体となってしまった気持ちを整理してみると、当の本人さえも忘れてしまった自分の本当の気持ちがある。いつの間にか、考えすぎているうちに、主―従がひっくり返り、原

図2-2｜本音→本心→本気のサイクル

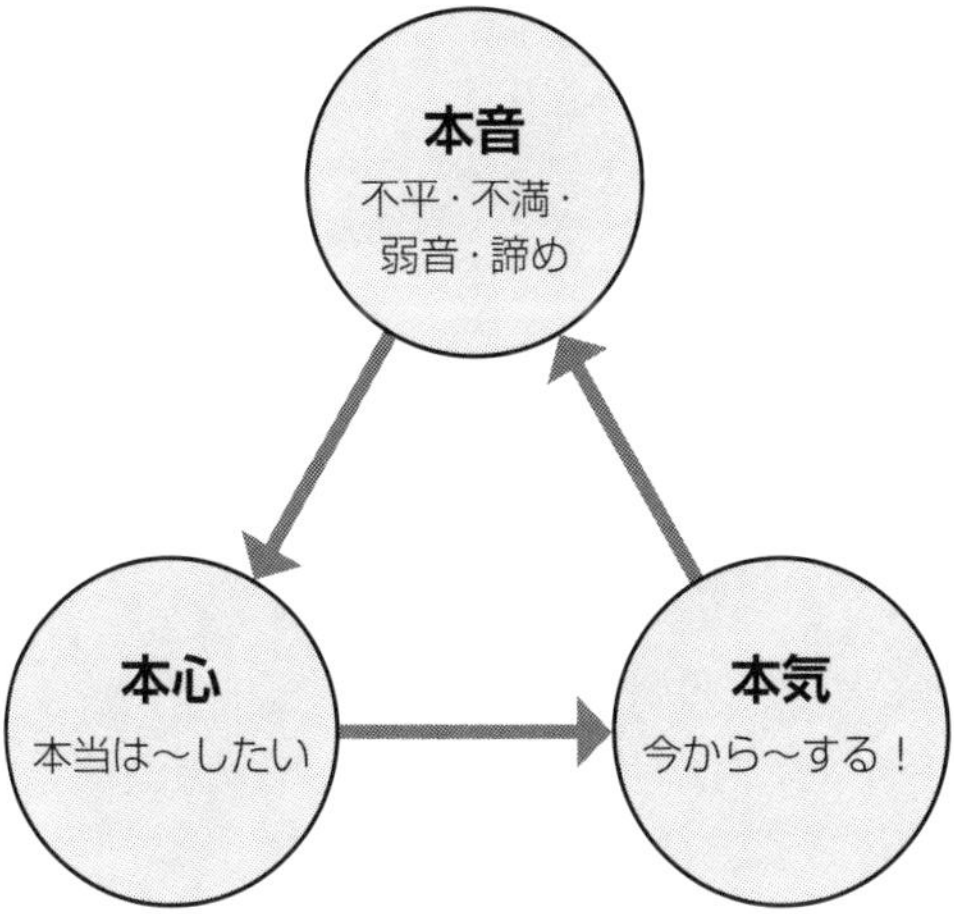

因と結果を取り違え、動機と結果の不一致に陥ってしまっていたことを自覚するのです。この〈本心〉の発露こそが、「転じる力」となります。

〈本心〉を自分の中心に据えて、もう一度、自分の置かれた状況を俯瞰してみる。いまの自分に変えられることと、変えられないことを見極めるのです。そして、変えられることに一点集中していく。その最初の一歩、具体的な行動を、新たな出発点とするのです。「出発点を作る」。この具体的な行動計画が、自らを〈本気〉にさせるのです。

実際の対話の場で、「本音→本心→本気」というサイクル（図2－2）が回り始めると、語る内容が変わるだけでなく、その場の空気感も大きく変化します。わたしはよく井戸掘りにたとえます。井戸を掘っていると、最初は泥水が出るそうです。でも、その泥水の先を掘って、掘って、掘り進めていくと、あるところから急に清水に変わる。その瞬間があるそうです。そこから急に清水が溢れ出てくる。不平、不満、ぼやき、諦め、といった〈本音〉を吐き出していくと、あるところで突然、〈本心〉に変わる。その〈本心〉が〈本気〉にまで高まっていく空気感の変化には、そのような感覚があります。

本気のスイッチが入る瞬間

ではここで、自分を立てなおす4つのステップを、具体的な事例で見てみましょう。本人のやる気が空回りしてしまい、組織の中でくすぶってしまっていた人が、集団セッション（オーナーシップ・プログラム、5章参照）の中で、自分を立てなおしていくケースです。

なお、事例はすべて太明朝体で描写しています。ご本人の言葉は太ゴシック体で表記しました。傍点は筆者によるものです。ご本人の語りがどう変化するか、語りの主語や文末に注意してみてください。

Nさん（34歳）は、大手自動車メーカーの品質保証の担当者です。もともとは開発系の技術者でしたが、半年前に、品質保証の部署に異動してきました。噂によれば、開発本部の責任者と衝突してしまい、不本意な形で出されてしまったようでした。もともと積極的なタイプで、人づきあいもよかったそうですが、新しい部署では常に不機嫌な態度をとっており、人を寄せつけず、新しい職場にも馴染めていないようでした。2日間

の集団セッションに出てきていても、問題意識を語りあう1日目のセッションでは、あまり表情が動かず、休憩時間にはひとりでぽつんと座っていました。そこで、1日目のプログラムが終了した時点で、個人的に声をかけてみました。

「正直、ここ数カ月、仕事に集中できていません。開発の最前線にいた僕が、なぜこの仕事をしなければいけないのか、いまだに納得できていません。いまの部署は、はっきり言って、終わった人が来る部署なんですよ。年齢層も高いし。気持ちを切り替えなきゃとは思っているんですけど。

自分で言うのも変ですが、これまで仕事はかなりできているほうでした。かなり早い段階で選抜されて、海外も経験してきましたし、次は新規プロジェクトのリーダーをやらせてもらえるはずだったんです。

ある会議で、本部長の矛盾を指摘したんです。誰もが気づいている話で、いつかは誰かが言い出さないといけない話でした。チームリーダーは言えそうになかったので、代わりに言ってあげたんです。でも、それがいけませんでした。それ以来、まわりとの関係がギクシャクしてしまい、最後にはこの人事異動です」

「一連の流れの中で、何が一番しんどかったのでしょうかね？」

「結局リーダーも先輩も、誰も僕をかばってくれませんでした。ミーティングでは、みんな、そのことを話していたのに。みんな下を向いてしまって。僕と本部長の1対1になっちゃって。勝てるわけないでしょ。

腹が立ったので、それ以来、少し無視していたら、アイツは拗《す》ねているだの、大人げないだの、言われて、だんだん溝ができ始めてしまって。そうなると、ちょっとしたミスもするじゃないですか。これまでなら、たいしたことないミスでも、やたら大げさに報告されるようになったりして。

決定的だったのは、1年後輩のS君が、新規のプロジェクト・リーダーに抜擢されたことです。僕が行くはずだったポジションです。やっぱりいまでも裏切られた感が強いです」

Nさんは、建前を抜け出して、ひと通り自分の気持ちを吐き出すと、その日は部屋に帰っていきました。

2日目。午前中に、技術者としての自分の価値観を言語化してもらうと、N君は少し明るい表情になりました。集団セッションでは、必ず1日目は現場の問題意識、いわば現場の理不尽な問題を語りながら、大きな模造紙に書いてもらうようにしています。一方、2日目は、自分の原点、大切にしたいこと、自分の価値観や流儀を語りながら、これも大きな模造紙に書いてもらうようにしています。「技術で世界を変える！」。Nさんの価値観のシートには、ひときわ大きな字で書かれていました。午後は、理不尽な問題を書いたシートとその価値観のシートを統合するセッションです。

「あらためて、こうやって問題のシートと価値観のシートを見比べてみるとどうですか？」

「まったく、真逆の世界観ですね。やっぱり、開発の技術者に戻りたい。技術で世界を変えたい！　それが僕の本心です。いまは本当にドツボにはまっていて、すべてが悪い方向に流れている感じがします。何とか、いまの部署から抜け出したい」

「価値観のシートには、ご自分でも書いているように、とってもいいサイクルがあるように見えるんですけど、問題のシートには、どんなサイクルが見えますか？」

「う〜ん、サイクルというか、支離滅裂ですね、まわりに当たり散らしていますね。俺の気持ちを分かってくれ〜、という感じです。もうグルグル回ってしまっていて、よく分かりません」

そのとき、Nさんの対話のパートナーだったDさんがつぶやきました。

「Nはさぁ、技術者としては俺はできる、って思ってるだろう。俺なんか、工場のおっさん相手の仕事だからさ、大学院でやった専門知識なんて、全然、通用しないぜ。いまでも毎日、怒られてばっかり。自己否定の連続だよ」

Nさんの顔色が変わりました。

「そうかっ……。俺はさぁ、これまで自分はできると信じて、自分で自分を引っ張ってきたんだよなぁ。確かにそれでこれまで頑張ってこれたけど、少し思い込みに近くなってしまって、それが過信になっていたのかもしれんなぁ。自分が凡ミスするはずないと思ってたし、凡ミスする自分は許せないというか、認められないんだなぁ。そこに自分の葛藤がある。それをまわりの人たちは指摘してたのかもしれない。
　俺の異動の原因は、本部長との揉めごとが直接の原因ではなくて、俺の仕事の姿勢だったのかも。少し外で頭を冷やしてこい……というメッセージなのかもしれない。そういえば、辞令を渡されるとき、前の上司がそんなことを言ってたなぁ……」

「N君に、もし過信があると認めるとしたら、昨日書いた問題のシートはどう見えるかな？」

「う〜ん、なるほど〜。過信がありますね。ちょっとまわりを見下している面がありますねぇ。恥ずかしいけど、セルフ・イメージが妙に高かった。僕の能力を認めてもらって当然、という大前提で書いてます。笑っちゃいますけど。認めてくれて当然だ→認めてもらえない→拗ねる→ヘマをする→焦る→仕事がこない→職場で孤立する。悪いパターンに、はまってますね〜」

「この一連の悪いサイクルを抜けるために、どこをひっくり返すと、流れが変わりますかね？　オセロゲームの4隅を押さえると、黒を白にひっくり返せるように、どこか自分で変えられるところがあると思いますけど」

「ええ、最初ですね。この入り口、サイクルの入り方ですね。僕の能力を認めてもらって当然というのは、ホント過信ですわ。ちょっと謙虚さが足りない。本音のところで、そんな気持ちが隠れてました。

嫌味な奴ですねぇ～。モノづくりはひとりではできないのに、僕ひとりでやっているつもりになっている。自分の能力の高さは、黙っていても、みんなに分かってもらえる、気づいてもらえる、という、僕の甘えなんですよねぇ」

「N君の可能性を見てくれている人も必ずいると思うけど、見てくれているのは当然、というのはちょっと勝手な思い込みだよね。そういえば、昨晩の会話でも、かばってくれなかった、裏切られた、という言葉があったよね。

価値観のシートに書いてある、技術で世界を変える、っていうスタンスで、この問題のシートを見直してみると、どこが最初の突破口になるだろう。自分でもう一度、出発点を作りなおして、新しい流れを作ってみたら」

「いまの部署では、プロジェクトに深く入れないと文句を言っているんですけど、一方で、いまの部署は個別のプロジェクトではなく、全社の動きを見られる部署なんですよ。裏方ですから、開発の主役にはなれないけど。でも、いろいろな部署にヒアリングと称して、首を突っ込むことはできるんです。

僕は個人的に、世の中を変える次の次の技術はアレだ、と思っているんですけど、同じ感覚でいる人を社内で見つける機会にできるかもしれませんね。絶対いると思うんですよね、同じように考えている人が。いまのヒマな部署にいるうちに、次の構想を考えられますね。

変に委縮する必要はないとは思うけど、一度、謙虚に戻って、元のチームからそろそろ戻ってこい、って言ってもらえるようになるまで、しっかり自分なりの研究をしておき・・・ます・・・」

自分が感じている悶々とした気持ち、理不尽さを、第三者に対して、あえて主観的に語りなおす。そうすることで、〈本音〉レベルで、実は自分が何を考えているのか、自分の嫌な

部分も認めてみる。その上で、自分を立てなおす一点を見出す。Nさんの場合は、「技術で世界を変えたい！」という〈本心〉を自分の中心に据えたとき、自分の本当の問題が見えてきました。自分の能力に対する過剰な思い込みです。それをいったん手放すことで、くすぶっていた自分を立てなおし、本気のスイッチが入りました。Nさんにとって、まず自分に変えられることとは、自分自身の認識を変えること、つまり、自分の問題に対する立ち位置を変えることであり、いまの部署にいる意味を見出したのです。

被害者のストーリーから、主人公のストーリーへ

なぜ・なぜ・なぜと、理不尽な問題の原因を追求しすぎると、足が止まってしまいます。新たな失敗を恐れて、動けなくなってしまうのです。それは、問題特有のストーリー（物語、パターン）にはまってしまう、ということでしょう。

とすれば、**「自分を立てなおす」という行為は、いま、自分がはまってしまっている問題のストーリーを抜け出して、自分が主導権を持てるストーリーを編み出す、ということでもあります。**

理不尽な問題による「被害者のストーリー」から、「少しでも自分が主人公となれるストー

リー」に書きなおすことです。自分を動かすストーリーを作り続ける、更新し続ける。動いていく、動き続けることで、局面を転じる。自分を立てなおし、転じる力。あたかも、サッカーのミッドフィルダー（ＭＦ）が、相手陣地の中でパスコースを見つけるように。

組織の理不尽な問題の特徴は、問題を抱える人に、自己矛盾や葛藤をもたらすことです。思わず「どうしてなんだ？」「なぜなんだ？」とつぶやかせてしまう。そうした場面で原因をさらに追求しても、かえって苦しさが増すだけです。思考の悪循環、ネガティブ・サイクルが回り始めるのです。

「相手がそうなら、こうしてやる」「こう来るなら、こうさせてもらう」「それならこうしてやれ！」。ちょっとした気持ちの上での「イラッ」「カチン」「ムカッ」の影響が、波紋のように広がっていきます。ある種の過剰反応となって、さらにまた、相手の別の反応を引き出してしまう。特に、理不尽な問題をメールで議論し始めると、またたく間に、問題はエスカレートしていきます。怒りのパターン以外にも、いろいろなパターンがあります。たとえば、「もういいや」「どうせ言っても」「しょせん仕事だから」という諦めのパターンがあるでしょう。

自分がはまってしまっている問題のストーリーとは、この思考の悪循環、ネガティブ・サイクルのことなのです。このネガティブ・サイクルを抜け出し、新しいストーリーを編み出すには、悪循環を生み出している正体を認識する必要があります。

それは容易には正体を現しません。なぜなら、それは本人が潜在的に持っている「認識の癖」だからです。自分が理不尽と感じている点、問題意識を、第三者に対して、あえて主観的に、少し大げさに語る、「語りなおす」ことで、ようやく自分のはまっている悪循環のサイクルが見えてきます。自分の置かれている状況を語りなおすことで、自分を客観視し、相対化することができるようになるからでしょう。「自分を語る」ということは、理不尽と考えている問題を、真正面から受けとめ、認める、という行為に他なりません。

自分の中にある何か（Something）が、「どうして？」「なんで？」という、組織の不合理や不条理に対するやり切れなさ、諦め感、といったモヤモヤ感を生み出しているとしたら、それはなんでしょうか？

それは、「人の善意を信じたい」という、人間の根本的な欲求ではないでしょうか。他者の善意、組織の善意を信じたいという、誰にでもある期待感ではないでしょうか。それは誰もが心の底で願っている潜在自然欲求です。その自分の期待が裏切られたときに、その人の「認識の癖」に応じた悪循環が始まります。ネガティブ・サイクル、思考の悪循環が回り始めるのです。

この悪循環が回り始めると、なかなか自分では止めることができません。まず自分がそのサイクルに「はまっている」ことを自覚していない場合が多いのです。5章でご紹介する事例（オーナーシップ・プログラム）では、自分が語った問題意識（それには不平・不満が一杯書き込んであるのですが）、それを見直して初めて、自分がいかに問題にはまっているか、呑みこまれているか、に気づく過程をご紹介しています。

また、7章でご紹介する事例（「智慧の車座」）では、相談者が問題と思っていることを存分に語り、質問の受け答えをした後で、支援メンバーから、直感を返してもらいます。「本人はこう言ってたけど、本当はここが問題のキモなんじゃないですかねぇ」と伝えられて、「ドキッ」とするのです。「あぁ、俺はここでつまずいているんだぁ」と、ようやく自分で自分の状況に気づくのです。そうして初めて、悪循環は止まってくれるのです。自ら認識しない限り、この連鎖を止めることは難しいでしょう。

悪循環を生み出す「認識の癖」

では、その人に応じた「認識の癖」とは、何でしょうか。具体的には、問題を受けとめる際の受けとめ方、モードと言ってもよいでしょう。たとえば、①本人の意識の方向（外向きか vs. 内向きか）、②本人の気質（強気か vs. 弱気か）、この２軸で整理してみると、代表的な傾向として４つの「認識の癖」があるようです（図２－３）。

少し上から目線で捉えてしまう「他責モード」、自分自身に高いハードルを設定しがちな「自責モード」、自分自身を蔑んでしまう「劣等感モード」、なんとかその場を取り繕おうとする「体裁モード」。人間の認知モデルはこんなに単純ではありませんが、自らを振り返るのには参考になると思います。いまの自分はどういうモードになっているのか？　ちょっと他人を責め

図2-3｜認識の癖

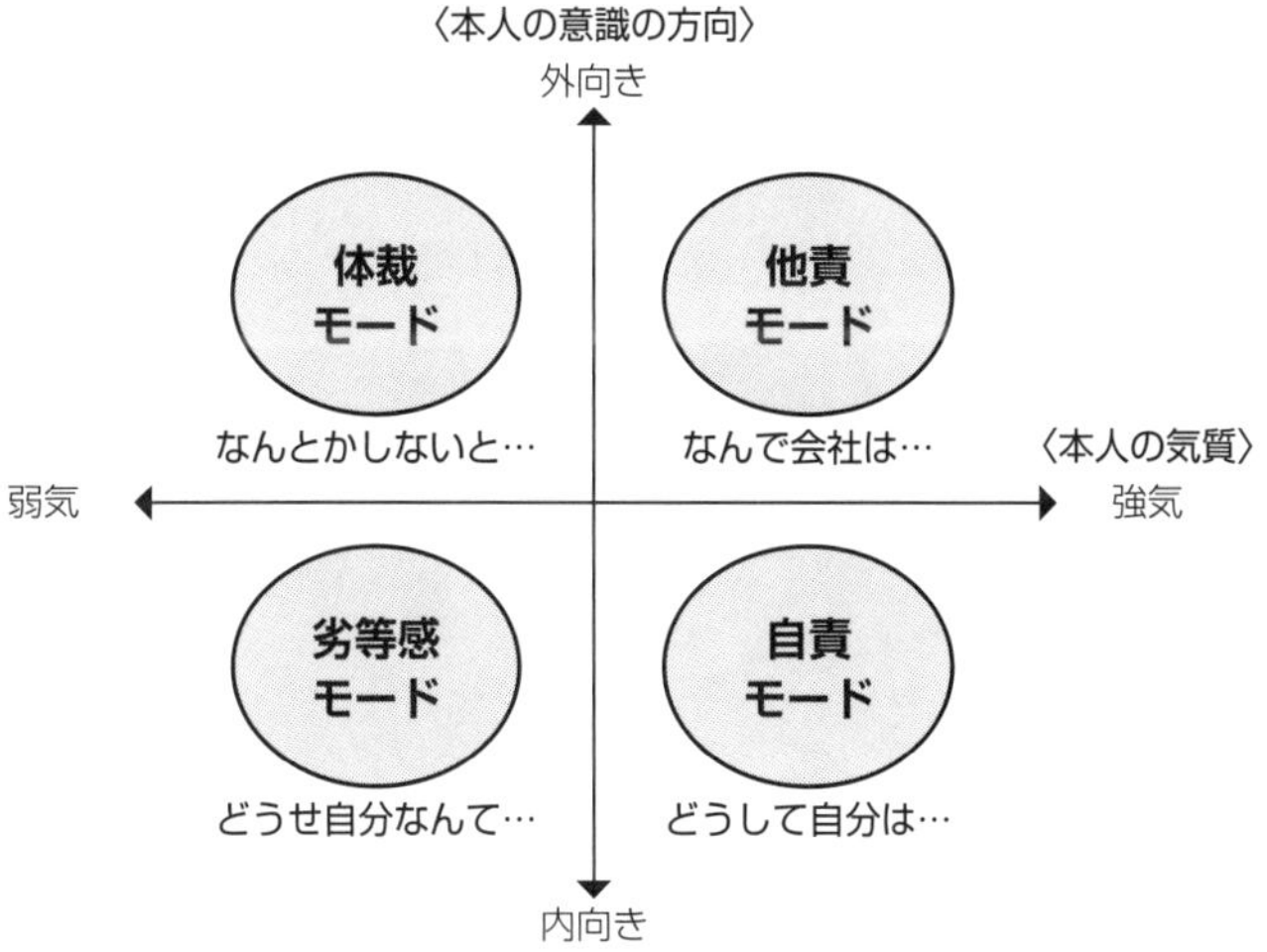

たい感じ？　自分を追い込む感じ？　ちょっと疲れてる？　焦っている？
どのモードが良いか悪いかではありません。できれば、真ん中に立って、自分の傾向を自覚できれば一番いいですね。「人は世界を自分の観たいように観ている」と言っても、過言ではありません。

ちなみに、それぞれの癖には、特有のつぶやきが隠れています。「なんで会社は……」（他責モード）、「どうして自分は……」（自責モード）、「どうせ自分なんて……」（劣等感モード）、「なんとかしないと……」（体裁モード）。

実際の事例を挙げてみましょう。他責モードのケースです。

自分は30年間、この仕事をやってきた。機械の音を聴けば、調子がいいのか悪いのか、すぐに分かる。そういう人材になれ、と言われてきたし、そういう後輩を育てようとしてきた。

ところが、俺たちの工場は閉鎖。国内は2工場に集約するだと。早期退職するか、集約する工場に配置転換されるか、どちらかの選択だった。俺は配置転換を選んだだよ。だって、これしか、できないもん。

ここ数年、会社とは距離を置いてきましたよ。正直者は馬鹿をみるからね。いまさら、入社したての若造に、技能伝承しろって急に言われても、嫌だね。海外に指導に行くなんて、まっぴらごめんだね。この身体のなかにあるノウハウは、俺の代で終わり。もうのんびりさせてもらいたいよ、まったく……。

（大手機械メーカー、特殊技能職、54歳）

先日、ＡＰ（アジア・パシフィック）の代表に呼ばれて、２年以内にもう一段、上のポジションに上がりたいなら、ロー・パフォーマー（仕事のできない人）もちゃんと使いこなせるようになれ、と言われたよ。それで、このエグゼクティブ・コーチングを受けることになったんです。

確かに、ここ１年でメンバーがふたり辞めました。でも、わたしのせいじゃないんですよ。リストラにともなう配置転換でやってきた、専門外の奴らです。わたしが拾ってやったのに、結局、仕事を覚えようともせず、まわりに仕事を振って、あげくの果てはパワハラだと言う。他のメンバーは、そいつらがさぼっている分、余分に働いているんですよ。

（外資系素材メーカー、事業本部長、42歳）

こうした特有のつぶやきを抱えている限り、理不尽や不合理な問題を、問題そのものとして客観的に捉えることは難しいでしょう。本音レベルに潜んでいる、そうした自分の「認識の癖」を自覚したとき、初めて認識の歪みが外れるのです。

自分の認識の癖、ハマっているパターンを自覚したいのであれば、自分の気持ちを他の人に聴いてもらうことです。あえて自分の本音を他者に語ることで、自分自身が見えてきます。誰かに組織の問題を語りながらも、実は自分自身を客観視することになります。「どうも不平不満ばっかり言っているな……」「最近、オレって、余裕をなくしているなぁ」「最近、諦めちゃってるなぁ」。ハッと我に返り、自分の認識の傾向に気づくのです。たとえば、次のように語りが、他責モードから自分ごとに変化するのです。

ずいぶん文句を言わせてもらったねぇ……。なんやかんや言っても、でもさ、やっぱり、この仕事が好きなんだよね。この仕事を続けられるのも、ありがたいよね。辞めていった連中は、もうできないんだもん。この機械のなんともいえない匂いが、好きなんだなぁ。ちょっと忘れていた熱い気持ちを想い出したよ。タイの工場にでも、出張指導してみるかなぁ。後輩も苦労しているみたいだし。

（大手機械メーカー、特殊技能職、54歳）

リストラの後処理を自分が背負わされている、と思ってました。本来は人事の仕事だろう、って。でも、その担当者も辞めてしまったし。米国の本社は、ころころ戦略を変えすぎなんですよ。我慢できない、腹が据わっていない。APも弊害は分かっているのに、反対できない。200年前の植民地経営のまんまです。

でも、結局、自分なんですよね……。自分がもう一段、上のステップに上がって、そういう部分を変えてやろう、っていう気持ちが湧いてきました。

（外資系素材メーカー、事業本部長、42歳）

他者に自分のことを語りなおすと、自分自身が相対化されてきます。いま、自分がどういう状況にあるのか、自分で自分に気づくのです。分かっていることでも、あえて語りなおすことで、じんわりと理不尽さを受け容れるプロセスが進むからでしょう。

人によって、かかる時間は違います。1回1時間の個人セッションで気づく人もいれば、数回のセッションが必要な場合もあります。同じ立場・役割を担っている人同士の集団セッションであれば、半日も対話を繰り返すと、かなりの人が自分の現状を客観視できるようになってきます。お互いが鏡になるので、自分自身を相対化しやすいのでしょう。自分の「認識の癖」、思考の悪循環の正体さえ自覚できれば、自分のハマっているストーリーを書きなおすことが可能となります。

理不尽な問題を「受容する」ということ

「しかし、そうは言っても、語りなおすことだけで、そんなに簡単に被害者から主人公のストーリーに書きなおせるのか？」という疑問を持たれる方もいるでしょう。当然です。慣れ親しんだ思考の癖を変えることは、容易ではありません。この悪循環から抜け出る秘訣はどこにあるのでしょうか？

その秘訣はまず、組織の不合理や理不尽さにやられてしまっている自分を否定しないことです。抗《あらが》わないことです。否定すればするほど、悪循環は強化されてしまいます。また無理にポジティブ・シンキングになるのも、要注意です。あとで反動がやってくることが多いのです。この厄介な現状を、まずは一度しっかり受けとめることが大切です。ありのままを受け容れる、つまり「受容する」ということです。これを個人でやることはとても苦しい作業です。「何かを受容する」というプロセスは、効率よく思い通りには進みません。

米国の精神科医で、ターミナル・ケア（終末期医療）の先駆者であるエリザベス・キューブラー・ロスは、死と死ぬことに関する画期的な著書『死ぬ瞬間』(2)で、死という、人間が避けることのできない出来事を受けとめるのには、5つの段階が必要である、と提唱しています。

①否認——自分が死ぬということは嘘ではないのかと疑う段階
②怒り——なぜ自分が死ななければならないのかという怒りを周囲に向ける段階
③取引——なんとか死なずにすむように取引をしようと試みる段階
④抑うつ——なにもできなくなる段階
⑤受容——最終的に自分が死に行くことを受け入れる段階

死の受容というほど極めて重い個人的な問題までではないものの、理不尽な問題を受けとめるプロセスを考えるのに、参考になるプロセスです。受容して、事態を受けとめられるようになるには、これだけの前段階があるのです。

受容する、認めるという行為は、それだけ難しいことなのです。なぜなら、それは「赦《ゆる》す」という側面があるからだと思います。他人を赦す、会社を赦す、そして自分自身を赦す。理不尽さを感じながら「赦す」なんて、難しいことですね。それだからこそ、ひとりで抱え込まず、早目に仲間に話を聴いてもらうのです。自分の中にある矛盾や葛藤を、話すことではぐし、話を聴いてもらうことで消化し、納得し、事態を受けとめやすくします。
自分でも気づいていない〈本心〉は、まずは〈本音〉を吐き出し、理不尽な問題を受容できたときに、初めて発露されます。

「問題を受容する」

どうも少し分かりにくいですね。もう少し具体的にいえば、**「実は自分も問題の一部だった」と自覚すること**です。

確かに問題は組織の不合理、不条理、理不尽なものだけれども、その問題の一部を自分自身も構成している、問題に貢献してしまっている自分に気づくのです。外部のコンサルタントではなく、会社の一員であるかぎり、当事者であるかぎり、組織の問題の少なくとも一部は、実は自分の問題でもあるのです。入社したての新人でないかぎり、自分のポジション、権限、ネットワーク等を使えば、まだ何かできることがあるはずです。自分の問題であることに気づければ、自らが変わることで、少なくとも問題の一部は解決することができます。
先ほどの事例の方たちは、たとえば、こんな言葉をポツリと、つぶやかれたことがあります。他責モードの中から、自分の問題を見出した語りです。

先に定年も見えてきて、最近は仕事を少し流し始めてたかもしれない。俺は、逃げ切れるかなぁ〜って。それがまわりの連中にも影響して、ちょっと現場が荒れてきてるかもしれない。若い奴らが育たないのも当然ですね。この工場まで閉鎖ってことにならないように、マザー工場のポジションを守っていかないとね。少し、甘えてたかもしれませんね。

（大手機械メーカー、特殊技能職、54歳）

日本人としてはかなり評価されて、いずれは本社勤務かな、APの代表になるのも夢じゃないって、どこかで思ってました。自分を評価する基準で、部下を観てるんですね。それぞれ経験やバックグラウンドも違うのに。もう少し自分のストライクゾーンを広げていかないと、ここからステップアップするのは、難しいですね。

（外資系素材メーカー、事業本部長、42歳）

つまり、組織の理不尽な問題を語りなおすことで、組織の問題の中に、自分の課題・テーマを見出すのです。いまの自分の置かれた現状を否定するでもなく、嘆くのでもなく、逃げるのでもなく、いまの自分の現状を認められると、不思議といまの自分のやるべきことが見えてきます。自分も問題の一部なのですから。

急な坂を自転車で上るとき、坂の上を見ているとかえってアゴがあがってしまい、苦しくなります。むしろ、先を考えるのではなく、自分の足もとに意識を向けて、集中していくと、ふっと楽になることがありませんか。個人で会社の問題を抱えて煮詰まり、理不尽や矛盾のストーリーに呑みこまれてしまう前に、まずいまの自分に変えられることに集中するのです。

では、自ら変えられない部分はどうしたらよいのでしょうか。より権限のある人に変えてもらうよう提案する等、いまの自分にできることをやりきったと思えるならば、あとは静かに時を待ちましょう。それは問題から逃げているとか、現状に甘んじているということではなく、変えられない問題を受け容れている、ということになるのではないでしょうか。上司が変わるタイミング、体制が変わるタイミング。チャンスは必ずやってきます。同じように感じている人が、他にも必ずいるはずですから。自分の問題意識をもっと深めることもできるでしょう。時間を味方につけるのです。

そのために、**会社の矛盾を抱えても、その矛盾にやられない自分でいることです。矛盾や不合**

理なストーリーにはまってしまい、自分の中でその矛盾を増幅させないことです。自家中毒にかからないことが大切です。

解決するのではなく、解消する

組織の中の不合理な問題、不条理な問題に問題解決思考を適用すると、問題が複雑になってしまう場合があります。問題解決思考の基本は、原因を外に求めるからです。「他人と過去は変えられない」。これはコーチングの大原則です。自分がどう変わるのか。それがキッカケとなって他人が変わることもあるかもしれないが、それには期待しすぎない。また自分自身を原因にして、追いこみすぎないことも大切です。

他者に自分を語る。「組織の中の個人の問題」を聴いてもらう。**理不尽な問題は、問題解決思考でいきなり解こうとするのではなく、あえて主観的に問題を語りなおすことで、問題をほぐし、まずは自分を立てなおすことを優先させるやり方が有効です。**問題を一生懸命に解こうとすることで、かえって問題のストーリーにはまってしまう、という落とし穴を、回避するのです。

「問題をほぐす」という発想は、「問題解消」と呼ばれるアプローチと似ています。

いわゆる「問題解決」思考には、まず問題を分解し、問題の根本原因を特定し、その原因に対する打ち手を考える、という特徴があります。また、その解決策には、その原因を取り除くという傾向があります。

一方、「問題解決」に対して、「問題解消」というアプローチがあります[3]。問題を〝解決する〟のではなく、問題を〝解消する〟というアプローチ。Problem Solvingではなく、Problem Dis-Solving。あえて問題を解かない。解かずに、問題そのものを消そう、という発想です。

問題解決思考は、効率性を重視するビジネスの現場では、非常に有効です。ただ、その思考に頼りすぎると、その弊害も出てきます。スパッ、スパッと、切れ味がよすぎるのです。たとえば、人間絡みの問題に問題解決思考をそのままあてはめてしまうと、どうでしょう。問題の原因とされた人物は恐らく反発するか抵抗するかして、問題がかえって複雑化し、別の問題が発生してしまう場合もあるかもしれません。問題のモグラ叩きです。

「問題解消」というアプローチでは、無理に問題の原因を求めません。問題の原因をあえて特定せず、問題をある種のストーリー（「物語」）と捉えます[4]。問題といっているものは、たまたまいま支配的な物語にすぎないというスタンスです。その上で、他に別の物語が描けないかという観点から、問題の物語が書き換わる糸口を探り、物語の再編集を進めます。

「問題解消」とは、「語り」に注目する「ナラティヴ・アプローチ」と呼ばれる考え方に由来しています。ナラティヴとは、ナレーションのナラティヴで、「語り」のことです。意識的に作りこまれたストーリーになる前の「語り」のことで、その「語り」の特徴に注目し、言語の成り立ちがどのように現実を構成しているかを研究する考え方です。〝その人にとって現実は、その人が使う言葉によって成り立っている。(Words create Worlds.)(5)〟という大前提に成り立っている考え方です。

本当にそうだとすれば、語り方を変えることで、その人にとっての世界が変わる可能性がある、ということでしょう。現在では、主に心理療法・医療・福祉の分野で注目されています。原因が特定できても、治らない、治せない。切実な問題を抱える分野で、問題解消が注目される理由がここにあります。

わたし自身が試行錯誤して、辿り着いた「問題をほぐす」という発想。だからこそ、ナラティヴ・アプローチという考え方に出会ったときは、感動しました。「自分が暗中模索してきたことは、間違っていなかった」と、勇気づけられました。コーチングという技法が、ある種の思想・哲学に、昇華されたような気がしたのです。「問題をほぐす」という発想も、問題の原因追求にこだわりません。**問題の原因よりは、その人にとって問題がどのように存在しているのか、つまり、問題のあり方に注目します。**組織の中での問題には、問題の原因が特定できても、解決策を実行できない問題もある、というスタンスです。

「問題解決vs.問題解消」という対比を通じて、「問題をほぐす」という発想の特徴を大枠でつかんでいただけたかと思います。具体的な詳細については、次章で述べたいと思いますが、最近、実はこの発想、別に目新しいものではないことを、あらためて痛感しました。先日、偶然、般若心経を分かりやすく解説する教育テレビの番組を観ていましたら、ある高僧がこんなことをおっしゃっていました。「問題をなくそう、なくそう、とするのではなく、問題でなくすること。それが般若心経の智慧です」と。

「問題をなくすのではなく、問題でなくする」

まさしくこれぞ、「問題ほぐし」の奥義であり、問題解消の核心です。般若心経の成立は6世紀ごろとか。仏教、その内包する叡智は、恐るべしです。

本音を語れる仲間を見つける

ここまで話を進めながら、読者のみなさんには、「社内で自分の気持ちを話せるか？」「ましてや本音が話せるか？」という根本的な疑問が湧いてきているかもしれません。社内で、本音なんか話したら、エライ目に遭う。むしろ本音を言っていたら、仕事が続けられなくなってしまうのではないのか。そんな反応をされる方もいるかもしれません。

当然です。無理に〈本音〉を話す必要はありませんが、年に一度くらい、同じ社内のメンバーと一緒に自分の〈本音〉に向き合うことは大切だ、というのがわたしのスタンスです。なぜなら、社内で〈本音〉を話せると、とてもスッキリするのです。自分の内側から、自分の〈本心〉が立ち上がってくるからです。社会的にも、気持ちを言葉にする大切さが再認識され始めています。

赤の他人に救われた　同世代、傾聴ボランティア

苦境にあるとき。悩みを抱えているとき。誰かに話しても、決して問題が解決するわ

けではない。それでも胸中を吐き出せば、心の荷物が軽くなる。
家族が「孤族」へと姿を変えている今、話し相手の不在に悩む人たちは今後も増えていくだろう。（中略）
話すことは、息をすることに似ていると思う。普段は意識をしなくても、人はこれなしには生きていけない。

（「朝日新聞」２０１１年1月3日付朝刊・社会面）

問題を語りなおすには、相手が必要です。独り語りもできなくはないけれども、堂々巡りになってしまうことが多いのです。特に、理不尽な問題にやられそうになっているときは、なおさらです。独力で、はまっている状態から抜け出すのは難しい。自分が語りなおす内容を受けとめてもらえるからこそ、次に話が進むのです。できれば社内で、同じように理不尽な問題を抱えている人、同じ目線に立てる人がいいでしょう。「その人であれば、自分の本音を語ってもいい」と思えるような人であれば、ベストです。それは同僚でも、先輩でも、後輩でも、元上司でも構いません。理想的には、片一方が本音を話すだけでなく、お互いがお互いの本音をさらけ出しあえる、そんな関係が、理不尽な問題をほぐし、自分を立てなおすのには最適です。

しかし、孤立化しやすい組織の中では、なかなかそうした相手を見つけにくいのも現実でしょう。そうした方は、集団セッションという形式（5章）や車座という形式（6章）を参考にしてみてください。必ず同じ社内に、みなさんと響きあえる仲間がいるはずです。組織の理不尽な問題は、決してあなたひとりの問題ではないからです。それでも難しければ、社外で同じような立場・役職にある人とネットワーキングする、という手立てもあります。

お互いの存在を借りて、お互いの理不尽な問題をほぐしあう。問題がほぐれる過程で、思わず〈本音〉が吐き出され、理不尽さにやられてしまっている自分を認め、赦し、受容することができるでしょう。その結果として、自分の中に眠っていた〈本心〉〈本気〉が呼び覚まされ、自分を立てなおすことができるのです。まず社内で響きあえる仲間を見つけること、それは「自分を立てなおす」作業の入り口です。

（1）「平安の祈り」には、さまざまな日本語訳が試みられています。訳は無名のアルコール依存症者たち（AA：アルコホーリクス・アノニマス）において唱和されていることばを参照しました。原文は、以下の通り。

The Serenity Prayer
O God, give us
serenity to accept what cannot be changed,
courage to change what should be changed,

and wisdom to distinguish the one from the other.

by Reinhold Niebuhr

（2）エリザベス・キューブラー・ロス著、鈴木晶子訳『死ぬ瞬間』読売新聞社、1998年

（3）野口裕二『物語としてのケア ―― ナラティヴ・アプローチの世界へ』（医学書院、2002年）。米国の臨床家グーリシャンらの実践理論から生まれた「Dis-Solving」という用語に、「解決せずに解消する」、「問題解消」という名訳を与えたのが、恩師である社会学者、野口裕二先生（東京学芸大学教授）です。分かりやすい。

（4）野口裕二先生は、かなり推敲して確立されている物語を「ストーリー」と定義し、一人称の問わず語りを「ナラティヴ」と定義されています。野口裕二「ナラティヴ・アプローチの展開」野口裕二編『ナラティヴ・アプローチ』（勁草書房、2009年）を参照。

（5）"Words create Worlds.（言葉が世界を作る）" ナラティヴ・アプローチの理論的背景として、社会構成主義（Social constructionism）があります。社会構成主義については、以下の文献を参考にしてください。

野口裕二『ナラティヴの臨床社会学』（勁草書房、2005年）

中原淳、長岡健『ダイアローグ対話する組織』（ダイヤモンド社、2009年）

K・J・ガーゲン著、永田素彦・深尾誠訳『社会構成主義の理論と実践 ―― 関係性が現実をつくる』（ナカニシヤ出版、2004年）

3 問題をほぐす対話

お互いが自分の気持ちを語りなおす

最近、対話がブームです。対話という言葉を使う人が、いろいろな想いや意味合いを込めた、それぞれの対話の形があるようです。それゆえ、対話を定義するというような無粋なことはあまりしたくありません。しかし、それでは曖昧すぎてよく分からん、とお叱りを受けてしまいそうなので、「この本では、こんなイメージで対話という言葉を使っている」という程度の語感は提示しておきたいと思います。この本での対話とは、次のようなイメージです。

○自分を語る対話
○自分の気持ちを語りなおす対話
○オチのない話をする対話
○記憶を呼び起こす対話
○お互いの感覚を共有する対話

なんとなく、イメージしていただけるでしょうか？

人が自分を語ることができるのは、相手がいる場合だけです。聴き手が興味を示してくれる、反応してくれるからこそ、話が進む。それがなければ、話は広がらないし、膨らまない。最初に話そうと思ったことだけで、話が終わってしまいます。つねに聴き手がいることを前提にして、その人にどのように届くか、を気遣いながら話をする。聴き手に分かってもらうように話すことで、相手の反応を気にしながら話すことで、自分でも忘れていた、おもわぬエピソードを思い出したりして、その結果、自分の中の知らない自分に気づいたりする。そういう話をお互いにすることが、この本でいうところの対話です。

「相手の人に、『自分のこんな部分を分かってほしい……』と思って話していたら、ぜんぜん想定していない話に行きついちゃった」

対話の後に、こんな感想が漏れてきたら、それは深い対話だと思います。自分が語り終えた後で、初めて自分でも何を言いたかったのかを知る。あらかじめ頭の中にあったものをダウンロードしているだけではありません。本人も迷いながら、言葉を探しながら、話す。出来合いのストーリーではない。最初は言うつもりのなかったことを話せて、スッキリする、整理できる、気持ちが軽くなるわけです。

そういう対話に熱中すると、時間がとても主観的になって、あっという間に時間が経ってしまいます。話し終わった後に、「ほんとうに言いたかったことを話せた」という達成感や満足感がやってくる。それは、聴き手にも伝染します。達成感や満足感といった、なにやら深くて、暖かな感情が、相手にも伝わってしまう。時間、空間、物理的な「対話の場」を共有することで、話し手の質感を共有することができるのです。ふつう、社内で行われている会議の議論とは、何かが決定的に違う。それは次のようなイメージです。

表の議論、裏の対話

内容（コンテンツ）だけでなく、テーマの背景や経緯を共有することができる。問題の問題が見えてくる。それが対話です。何らかの結論を出す、解決策を出そうとする議論とは違うのです。まず問題やその背景を共有すると、結果的に解決策が見えてくる場合もあるでしょう。そうでない場合も、当然ある。ただ、問題の裏側が見えて、納得感は生まれてくるでしょう。深い対話を繰り返すと、表のマニュアルでは伝わらない、裏のニュアンスを伝えることも可能になる。対話は、感情エネルギーの交流と言ってもいいでしょう。

とはいっても、組織の中で、「いきなり、自分を語れ！」と言われても、語ることはできません。そこで、役割を決めるのです。聴き手と話し手。基本は2人1組です。話さないと前に進めない状況になって、2人だけの世界になって初めて、個人の語りが始まります。いきなり大勢の前で挙手をして自分のことを話せる日本人は、まだまだ少ないようです。

この本では、まず2人1組になって、お互いが自分のことを語る、自分の気持ちを中心に語りなおすことを対話と呼んでいます。「自分を語る対話」です。

語りなおして問題を再設定する

さてここで本題。「問題をほぐす」について触れましょう。「問題をほぐす」とは、通常の問題解決思考と異なり、いきなり問題そのものを解かないということです。どんなにすばらしい答え（解決策・助言）を効率的に導き出しても、本人がその気になれなければ、意味がありません。まず問題を解く前に、「本人の気持ち」を中心に、ほぐすのです。問題そのものよりは、問題を抱えている気持ちを主にして、語りなおしてもらう。気持ちを主にして語りなおしてもらっていると、よくあることですが、最初に問題としては語られていなかった事実や経緯が明らかになってきます。
たとえば、みなさんの組織の中でも、人材アセスメント（評価）のフィードバックがよく行われていると思います。幹部社員になる前に、360度評価（上司・同僚・部下からの多面評価）や、深層心理テストを受けて、リーダーとしての自分の強みと弱みを明らかにする人材評価の仕組みです。エグゼクティブ・コーチとして、そのフィードバックを受けた人をコーチングする場面がありますが、よくある反応は、次のようなものです。

「そんなことは言われなくても、分かってます（怒）。それで、わたしはどうすればいいんですか？　それを教えてほしい」
「やっぱり、そうですよね……（ため息）。それで、わたしはどうすればいいんでしょうか？　それを教えてください」

典型的なふたつの反応です。どれだけ心理テストが深層心理を的確に描いていたとしても、主体的な解決策には結びつかないのです。そのような場合には、フィードバックの結果になってしまった経緯や背景を丁寧に聴いていきます。本人にとっては、そうならざるを得なかった、そういう選択をするしかなかった、何か事情がある。そこをほぐしていくことからしか、次のステップは見えないのです。

本当の問題は、弱みを克服することではありません。それは結果です。まず自分で自分の歩いてきた歴史を受けとめ、認めるために、何が必要なのか、ということなのです。まず原因となった背景や経緯をほぐさないと、結果は生まれてきません。

語りなおしてもらうことで、問題の背景や問題の前提が明らかになってくる。そうすると、どうも最初に問題としていた問題の設定そのものが、実はおかしい、ずれていることが、とても多いのです。それだけ理不尽な問題を客観的に捉えるということは難しいのでしょう。

最初の問題をいきなり解かないで、遠回りのようですが、あえて気持ちを主にして語りなおしてもらう。そうすることで、問題を取り組みやすい形、本人がやる気が出る、意味が見出せる形に再設定してから、具体的な解決策を考える。

これが、「問題をほぐす」という考え方です。問題解決思考とはまた別の、問題へのアクセスの仕方のひとつです。

なぜ、わざわざ、「本人の気持ち」（＝感情）を経由して、問題解決を図るのでしょうか？**問題を成り立たせている背景や前提というものは、問題に関する情報よりも、「本人の気持ち」に隠れていることが多いからです。**

たとえば、理不尽な問題を前にして、激怒している本人には、ある種の理想の姿が前提としてあります。それが実現できないから、怒っているのです。本人の怒っている気持ちを語ってもらうことで、自分が潜在的に理想としている姿を言葉にしてもらうのです。それから問題を捉えなおし、理想に近づけるような、具体的な解決策を考えるのです。

「問題をほぐす」という発想は、別の言い方をすれば、「問題を支えている文脈に注目する」とも言えるでしょう。問題には、必ず問題を問題として成立させている文脈があります。文脈とは、問題となってしまった経緯です。特に、理不尽な問題の場合には、理不尽と感じるように到った経緯、根深い事情があるはずです。

文脈をもう一度、丁寧に語りなおすことで、いままで抜け落ちていた事実や感情が現れてくるのです。潜在意識を活性化しているとも言えましょう。新しい事実や感情が加わることによって、文脈は少しずつ変わっていきます。文脈が変わるにしたがって、最初の問題も少し動いてくる。本人の問題の捉え方が変わってくるのです。

厄介な年上の部下を抱えてチーム運営に悩む

ひとつ、具体的な事例で見ていきましょう。チームの中の困ったメンバー、たとえば、厄介な年上の部下を抱えて、チーム運営がうまくできていない場面で、どのように問題をほぐしていくとよいのでしょうか。自分を語ってもらうことで問題がほぐれていくイメージをつかんでください。これまで同様、事例は太明朝体、ご本人の語りは太ゴシック体で表記します。

K氏は、世界的な産業機械メーカーの海外営業本部に勤務しているチームリーダー（42歳）です。約20名のチームを率いて、東南アジア地域を担当しています。昨年末、新たな中期経営計画が策定され、K氏の部門は中計の柱として社内的にかなり注目を浴びています。

中堅の選抜研修にやってきたK氏の当初の悩みは、「どうやって新しい部門の目標に向かって、自分のチームをまとめていくか」ということでした。

20名のメンバーのうち、約5名はかなり期待できる若手メンバーです。社内でも同世代の一番手グループに入っているような連中で、かなり主体的に動いてくれています。問題はそれ以外のメンバーです。やり手の連中との間に、明確な温度差があります。冷めているというか、少し斜に構えているメンバーもいます。なかでも40代後半のM氏がその代表です。M氏が、「そんなに必死にやっても、意味ないよ」というような、そのグループの雰囲気を醸成しており、他のメンバーをやや扇動している部分もあるようです。

ここでのK氏の問題は、チーム運営のあり方です。特に、どうやって年上のM氏を処遇していくか、という問題です。問題解決風のアプローチであれば、M氏に関する情報、K氏のチームメンバーに関する情報を集め、状況を理解した上で、M氏をどう動かすか、そのオプションを検討することになるでしょう。M氏を異動させてしまうような強硬策や、M氏のモティベーション・ポイント（価値観）を理解し、そこに働きかけるような懐柔策もあるでしょう。

一方、「問題をほぐす」のであれば、M氏を問題の原因と捉えるという判断は、一時的に保留します。判断を保留して、どんな背景や経緯があって、K氏が年上のM氏のことを問題の原因と思うようになったかを、まず質問していきます。たとえば、

「M氏のことを考えると、どんな気持ちになりますかねぇ？」

「過去に実際、どんな迷惑を被ったことがあるんですか？」

「M氏について、いちばん腹が立つ部分はどこですか？」

「もしM氏にも、いいところがあるとすれば、どこですかねぇ？」

「できれば、M氏にはどんな役割を果たしてもらいたいですか？　できないかもしれませんけど」


こんなやりとりをしながら、問題と思われているM氏そのものではなく、年配のM氏を問題だと思わせている周辺情報、つまり、K氏本人のストーリー（物語）を、K氏の立場になって、聴いているのです。「M氏が問題だ」という問題のストーリー（問題認識）に安易に飛びつかないで、そういうストーリーもあるだろうけど、他にもストーリーの筋はあるだろう、というようなスタンスで、まだ語られていないストーリー（＝問題を支えている文脈）を語ってもらうのです。

「そういえば、M氏にはかつて助けてもらったことがありました」

「実は、M氏は大学の先輩なのですが、入社したときにかなりいじめられた経験があり、自分は多少そのことを引きずっているのかもしれません」

「彼との関係がギクシャクするようになったのは、一昨年、彼のプロジェクト提案をわたしが却下したときから、始まっているのかもしれませんねぇ」

Ｋ氏が自分の本音レベルで、自分のＭ氏に対する見方や姿勢に偏りがあることに気づいた場合には、問題に対するアプローチが当初の考えとはかなり変わってきます。受身的な構えから、主体的な構えに変化するのです。たとえば……

「やっぱりそうは言ってもね……、なんとかＭ氏を使いこなしてみたい」

問題の原因と思われるＭ氏を排除しようとするのではなく、Ｍ氏の存在を前提に、解決案が検討されるようになるでしょう。できることなら、特定の人を排除はしたくない。Ｋ氏の本心でしょう。それは、たとえるならば、〝冷蔵庫にあるもので、美味しい夕食をつくる母親の底力〟のようなものです。レシピに載っている材料がないと文句を言うのではなく、いまあるもので何とかしてしまう感じです。しかも、その解決案の出発点は、K氏本人が自ら変わることにあるのです。

「ちょっと来週にでも時間をとって、M氏と話してみます。わたしの構想をまずM氏に話して、M氏に期待していること、こんな役割を担ってもらえないか提案してみます。やはりこれまで、彼を避けて、なるべく彼には情報を出さないようにしていましたから」

いかがでしょうか。多少なりとも、「自分を語る対話」で問題をほぐしていくイメージをつかんでいただければ嬉しいです。「問題をほぐす」とは、いきなり問題を解こう、解決しようとするのではありません。まず問題を支えている文脈、問題にまつわる個人的な感情を否定せずに、問題を問題たらしめている背景を見直すことで、本人が自ら取り組みやすい課題にリセットしよう、再設定しよう、というアプローチです。

「問題ほぐし」は、鍼灸治療や整体といった東洋的な治療アプローチと似ています。痛みの患部に最初から対処するのではなく、患部から遠いところから、その痛みを構成しているであろうツボや筋《すじ》をほぐしていく。そんなイメージがあります。

このイメージが気に入っているのは、東洋的な治療アプローチは、原因を取り除くという発想ではなく、痛みの原因にも原因となった理由があり、それを肯定していくことで、自然治癒力が引き出されていく点です。問題の原因にも原因となった、なってしまった理由や言い分があるはずです。それを認め、肯定していくことで、余計な反発や心理的な抵抗を減らし、「問題の捉え方」や「問題に対する立ち位置」が、自然に変化するのを待ちます。

この、「自然に」という部分が肝心です。それは、「問題が目的に反転するタイミングを待つ」ということ。つまり、問題には、問題を問題たらしめている文脈があり、その文脈を再編集することで、問題を突破する入り口を見つけよう、という発想です。

問題が目的に変わる?

問題をほぐして問題の文脈を再編集すると、なぜ問題が課題に、問題が目的に、変わってしまうのでしょうか。

それを不思議に思われる方もいるかもしれません。そんなに簡単に問題が置き換わるのか、

という つぶやきが聞こえてきそうです。そんな方に、いくつかの日常的な例を提示しましょう。

たとえば、まず「写真を撮る」シーンを想像してみてください。写真は「対象」と「地」（背景）から構成されています。ある「対象」を捉えるとき、背景として、どの「地」を採用するか。前面に出すもの、後方にひかせるものを意識的に選択することで、「対象」のライブ感が変わってくる。「対象」は同じであっても、「地」を変えることで、その「対象」の見え方が変わる、という体験はないでしょうか。何を背景に選択するかによって、対象のイメージが変わってしまうのです。文脈と問題は、そのような関係にあります。

次に、「星座観察」の例を挙げてみましょう。夜、満天の星空を見上げて、輝く星を結びつけていくと、星座表に載っている星座名とはまったく違う形を作り上げることができた体験をされたことはないでしょうか。どうもわたしには、子どものころから星座表に載っている星座名には違和感があり、勝手に自分なりの星座名を作るという遊びをしていました。ギリシャ神話に基づく星の結びつけ方に、個人的にどうも納得できなかったのです。そこで、星と星の結びつけ方を変えることによって、別の形を作り出せることを楽しんでいました。いわば、結びつけ方を変えることで、別の意味合いを作り出す遊びをしていたのでしょう。

「文脈を再編集する」とは、問題の背景にあって、いまだ十分に語られていない材料に注目し、その材料の中から改めて、どれとどれを選ぶのか、ということです。**「どれを選び、それらをどう結び付けるか」によって、問題の見え方、問題の意味が変わってくる可能性があるのです。**つまり、問題の文脈を再整理し、結びつけ方を再検討することで、問題の設定の仕方を再吟味しているということです（図3−1）。

たとえば、図3−1では、問題を構成しているのは、9つの事象です。そのうち事象Aから事象Eまでが問題として認識され、A→B→C→D→Eの順番で、問題意識を形作っています。残る事象Fから事象Iは、問題の文脈、いわば問題の背景として、潜在的に存在しています。

文脈の再編集を通じて、事象Cと事象E

図3-1｜問題の文脈を再編集する

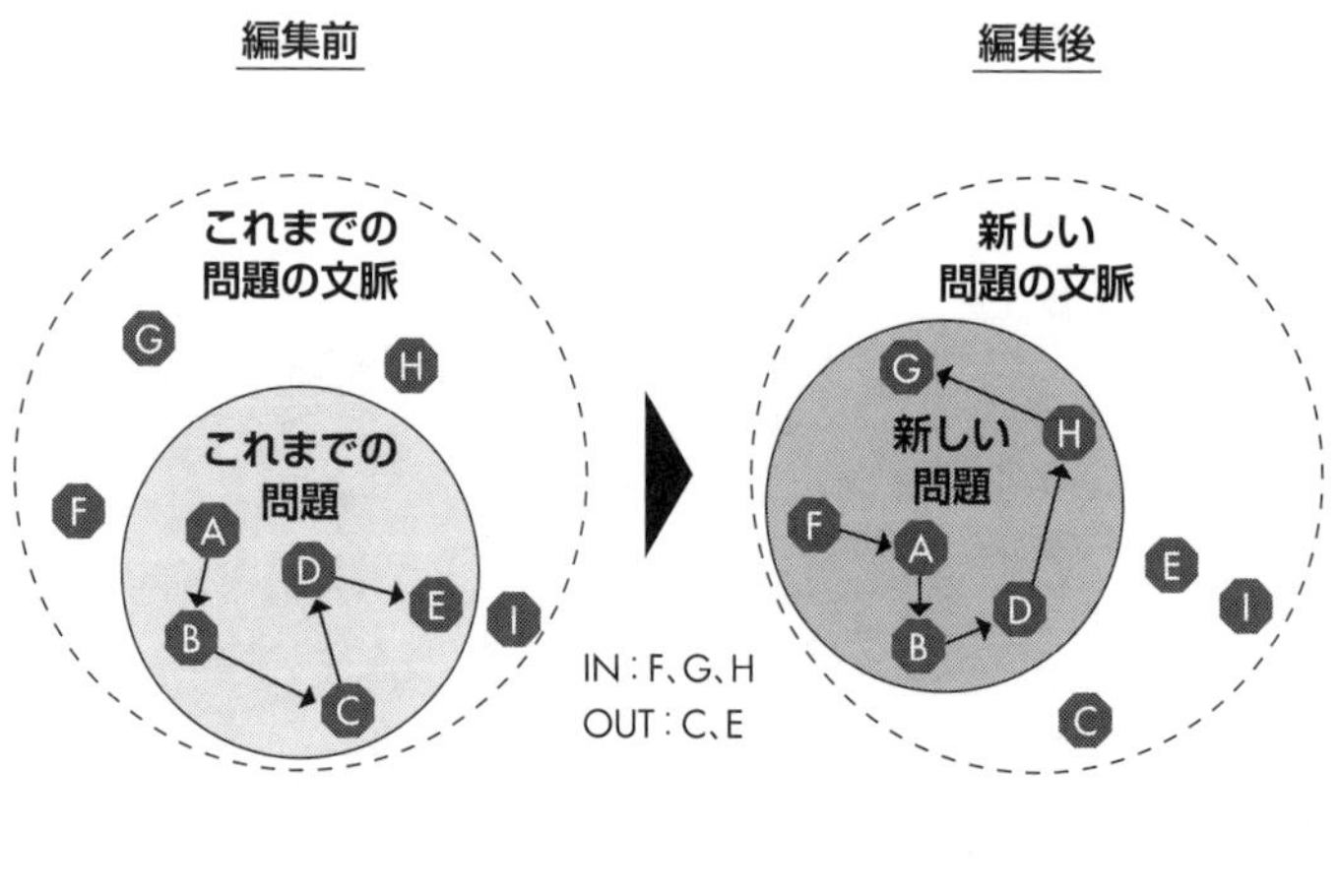

が問題の背景に後退し（どうでもよくなって）、事象Fと事象Gと事象Hが、問題意識の中に取り入れられました（気になるようになってきました）。さらに、話をしているうちに、頭の中でなぜか事象のつなぎ方が変わり、あらたに取り入れられた事象Fを出発点に、F→A→B→D→H→Gの順番で再編集され、新しい問題意識となりました。問題意識を構成している事象が変わり、事象のつなぎ方が変わる（＝事象をつなぐ接続詞が変わる）ことで、「これまでの問題」は「新たな問題」として、書き替わるのです。

対話を通じて、問題を語りなおすと、「そういえば……」と記憶が呼び起こされ、いままで語っていなかった出来事や事実が浮上していきます。そうした内容をあらためて認識に取り込んで、再整理をしてみると、実は問題と思っていたことが、まったく別の形に見えてくるのです。その典型例が、「（当初の）問題が（いまのわたしにとっての）目的に変わる」ということです。

うまく問題がほぐれたときに起こっていること

ここで、一番の核心の部分を述べたいと思います。うまく問題がほぐれたときに、当事者にとっては、具体的に何が起きているのでしょうか？　十数年間にわたり、いろいろなケースに遭遇してきましたが、どうもパターンがあるようです。[1]〈本音〉をうまく吐き出せると、〈本心〉が立ちあらわれ、〈本気〉のスイッチが入る、そのスイッチの入り方には、いくつかのパターンがある。大まかに言って、次の4つのパターンに集約できるような気がしています。

パターン1――解決策が変わり、問題の解決につながった
パターン2――問題の捉え方が変わり、問題の再発見につながった
パターン3――当事者の立ち位置そのものが変わり、目的の発見につながった
パターン4――問題そのものは何も変わらないが、気持ちが変わった

パターン1は、うまく問題がほぐされた結果、発想が広がり、別の解決策が観えてきたということです。ただし、問題は既存の問題のままで変わっていません。語りによって、解決策のブレインストーミングができた状況です。

パターン2では、問題の捉え方が変化し、問題の見え方が変わり、問題そのものが別の問題に変化します。視点の転換による、問題の再発見です。先ほどの事例でいえば、K氏のM氏に対する見方の変化です。たとえば、従来の「厄介者」という視点から、「まだ活用しきれていない人材」という視点への変化です。ただし、チームリーダーとしての立ち位置は変わっていません。問題自体が別の問題に変化していますから、もちろん、解決策も変わってきます。

パターン3は、ちょっと複雑です。問題を捉えている主体の立ち位置が変化し、問題が目的に転化します。たとえば、先ほどのK氏がこんなふうに言う場合です。

「かつて大学の後輩だったわたしの下で仕事をしているという、M氏の忸怩《じくじ》たる気持ちが、ようやく少し分かったような気がします。最近、中計に対するプレッシャーから、かなり余裕がなかったように思います」

チームリーダーとして、チームの中の「厄介者」を見ている立ち位置から、会社の同僚のひとりとして、M氏の立場を見ている立ち位置への変化です。こうした立ち位置の変化によって、問題そのものも変化します。

「逆転人事は、これからもいろいろなところで起きるでしょう。いまはまだ大学の先輩ですが、事業部長になったら、さらには、役員になったら、もっと難しい年長者を使いこなしていかなければなりません。むしろ、M氏のマネジメントは、わたしにとって初級編かもしれませんねぇ」

目の前の問題が、取り組みやすい問題に置き換わるだけでなく、わたしの目的や使命感にまで、変化します。

パターン4は、表面的には何も変化していません。問題自体も当初の問題から変わらず、有効な解決案も見当たりません。本人が手も足も出ない状態は変わらないのですが、それでも話ができた、話を聴いてもらえた、本音を分かってもらえた、そういう気持ちの変化、つまり問題の受容が起こる場合もあります。

こうしたパターンの背景には、当事者の意識の世界（内観）で、問題の括り方の変化が起きていることがあるように思います（図3－2）。詳細の解説は専門の研究者にお願いするとして、これはわたしの経験的なイメージ図です。どうも意識の世界は、「他人ごと」（会社の問題）と「自分ごと」に大きく分かれています。最初に会社の問題に悩んでいる時点では、意識の中で「他人ごと」が占める割合が大きくて、「自分ごと」はあまり注目されていない。部分的な存在です。

会社のある理不尽な問題を前にして、自分の経験や体験を語りなおしていると、だんだん意識の中に占める「自分ごと」の領域が活性化してくる。それによって、問題の見え方が変わってくる場合があります（パターン1）。

さらに、語りなおすことで、これまで十分に語られていなかった「自分ごと」の占める割合が増え、それが「他人ごと」である会社の問題と重なる部分が見えてくると、

図3-2｜問題の転化

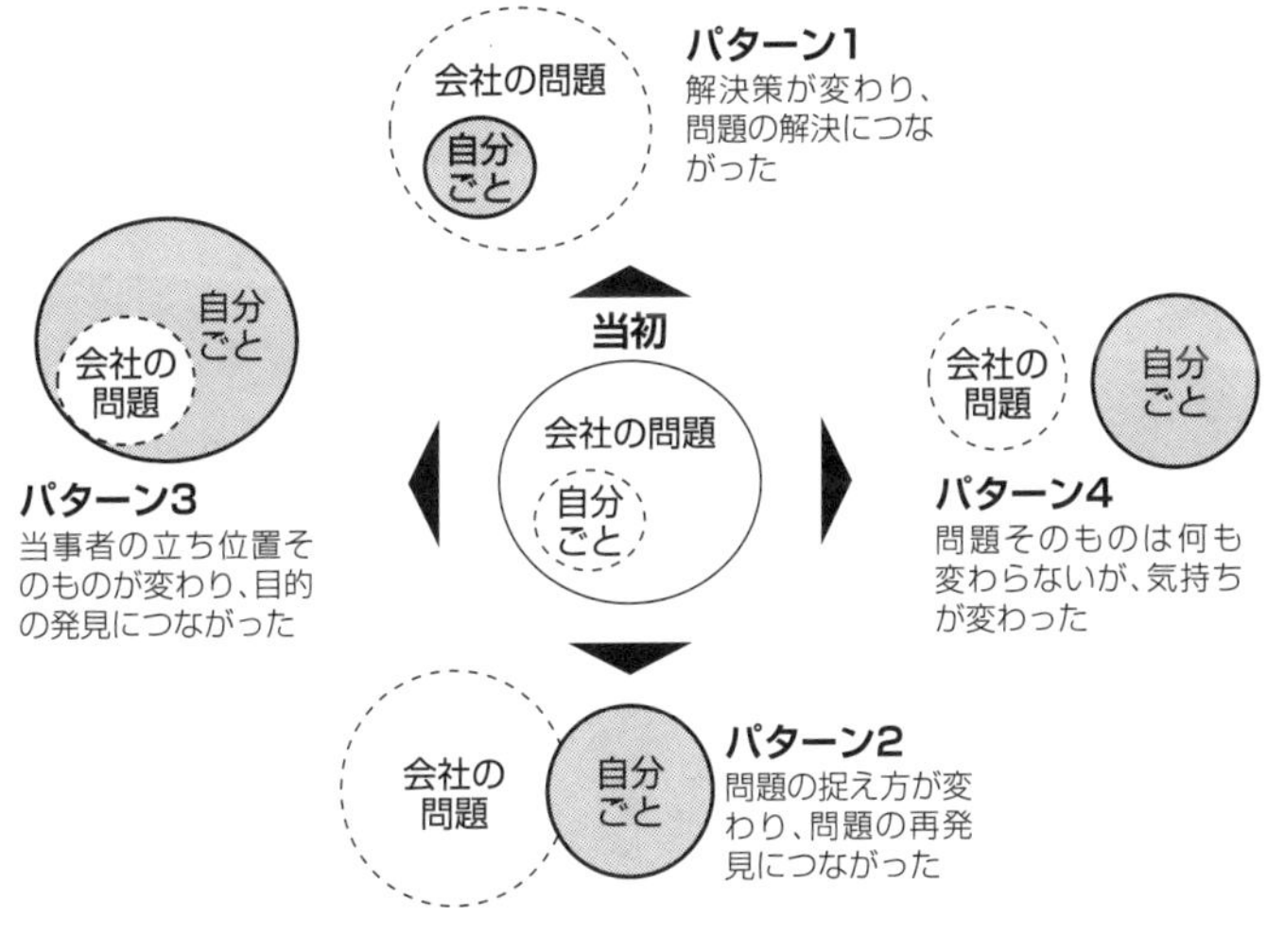
当初
会社の問題
自分ごと
パターン1
解決策が変わり、問題の解決につながった
会社の問題
自分ごと
パターン2
問題の捉え方が変わり、問題の再発見につながった
会社の問題
自分ごと
パターン3
当事者の立ち位置そのものが変わり、目的の発見につながった
自分ごと
会社の問題
パターン4
問題そのものは何も変わらないが、気持ちが変わった
会社の問題
自分ごと

会社の問題の一部が「自分ごと」になり、当事者意識が生まれてきます（パターン2）。

さらに語ることで「自分ごと」の領域が広がってくると、「他人ごと」である会社の問題を包み込んでしまうレベルに到達することがあります（パターン3）。どうも「視点が上がる」「経営者の目線に立った」というような全体を俯瞰する感覚（メタ認知、メタポジション）[2]で話されているときには、こういう心象イメージがあります。

一方で、語りなおすことで表面的には何も変わらないのですが、スッキリする、気持ちが楽になるというのは、「他人ごと」と「自分ごと」がきれいに分離されているような印象があります（パターン4）。

対話の3つの階層

さらに、さきほどの問題がほぐれるパターンのうち、最初の3つのパターンは、次のように述べることもできるでしょう。

パターン1 ―→「HOW」が変わり、問題の解決につながった

パターン2→「WHAT」が変わり、問題の再発見につながった
パターン3→「WHO」が変わり、問題の主体が転化した

この「HOW→WHAT→WHO」の変化は、対話の内容には階層があり、ある意味、問題を捉えるレベル感が違ってくる、とも言えます（図3―3）。

5章で事例のひとつとして挙げている「発明道場」（135ページ）は、このコンセプトを活用したもので、若手研究者の発明観・発見観の醸成を目指しています。問題が起きたときに、「別の方法論はないか」というHOWレベルで考えるのか、「そも

図3-3｜対話の3つの階層

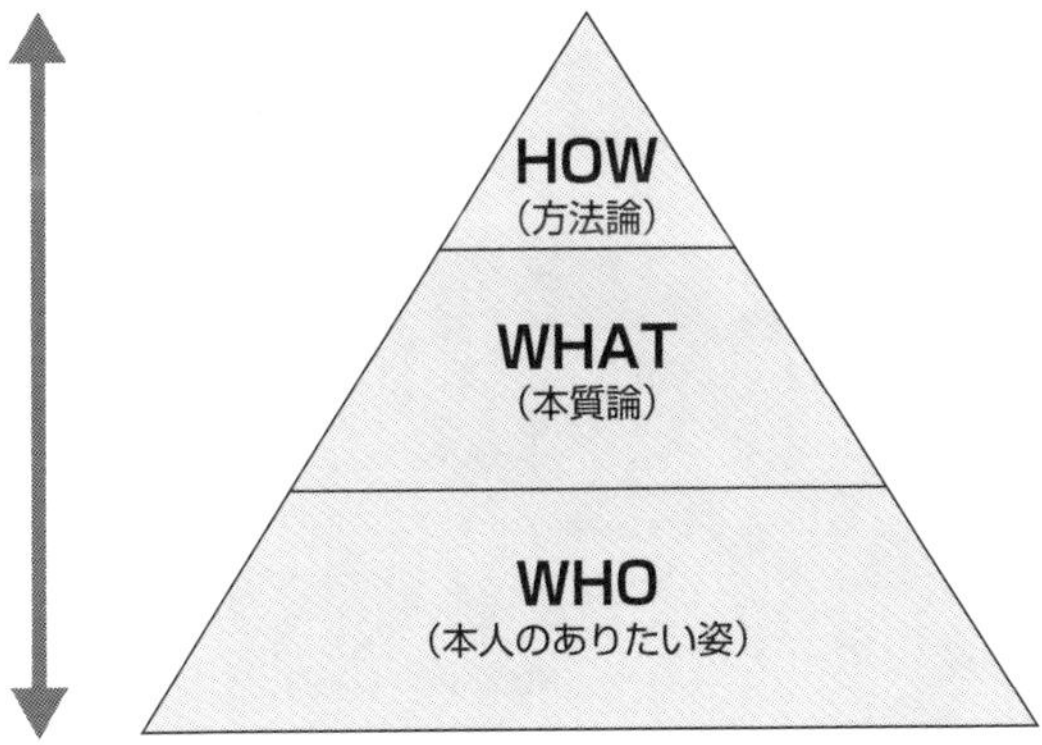

▶対話はWHOをベースに成り立っている。どのレベル感で対話をしているのか自覚していることが大切。

そも問題は何なのか」というWHATレベルで考えるのか、さらに「この問題に対して、自分はどうありたいのか」というWHOレベルで考えるのか、レベル感の違いです。このレベル感は、どのレベル感がよいかというような優劣の話ではなく、問題に応じて、対応するレベル感が違うことです。

「問題の原因が特定できても実行できないような問題をほぐす」とは、パターン2、パターン3に該当します。HOWレベルではなく、WHATレベル、WHOレベルで問題を再設定しようとしているのです。そして、本当にうまく問題がほぐれた場合には、パターン3が現れてきます。WHOレベルで自分の立ち位置が明確になり、その視点（スタンス）から、問題を捉えなおしている。眼の前の問題に意味を見出し、自分なりの目的を生み出しているのです。

自分の中の組織を語る

組織の理不尽な問題をひとりで抱えていると、どうしても深みにはまってしまうものです。

理不尽な問題を前にして、自分を立てなおすために、「自分を語る対話」で「問題をほぐす」とい

う方法をご紹介してきました。

「問題をほぐす」とは、いきなり問題を解かないということ。つまり、理不尽と感じている問題を、いったん組織の立場や役割を離れて、自分を主語に、自分の気持ちを中心にして語りなおしてみる、ということでした。そこには、問題の前提や背景、「問題を支えている文脈」を再編集することで、理不尽な問題を取り組みやすい問題に再設定する、という狙いがあります。

理不尽な問題がうまくほぐれていくと、「組織の中の自分」を語っているとき、ある地点から、そのストーリーが、「自分の中の組織」を語るストーリーに変わってくることがあります（たとえばパターン3のケース）。

「組織の中の自分　→　自分の中の組織」

理不尽な問題がうまくほぐれ、「本音→本心→本気」のサイクルが動き出すということは、**「組織の中の自分を語る」**ことによって、**「自分の中の組織を語れる」**、そのような状態になっているのでしょう[3]（図3−4）。

このストーリーの転化（物語の転化）こそが、「問題をほぐす」というアプローチの本質だと思います。「本音→本心→本気」のサイクルの背後では、同時進行で、このストーリーの書き替えが起こっている。

これが、十数年をかけて、わたし自身が経験的にようやく辿り着いた結論でした。研究者の方たちは別の解釈をされるかもしれませんし、またわたし自身のさらなる試行錯誤の結果、この結論がまた変わることがあるかもしれませんが、現時点では個人的にとても満足しています。ようやく自分の取り組んできた内容に、適切な言葉を与えることができたような気がします。

次の章では、具体的にどのように「自分を語る対話」で「問題をほぐす」のか、それを見ていきましょう。

図3-4｜自分の中の組織を語る

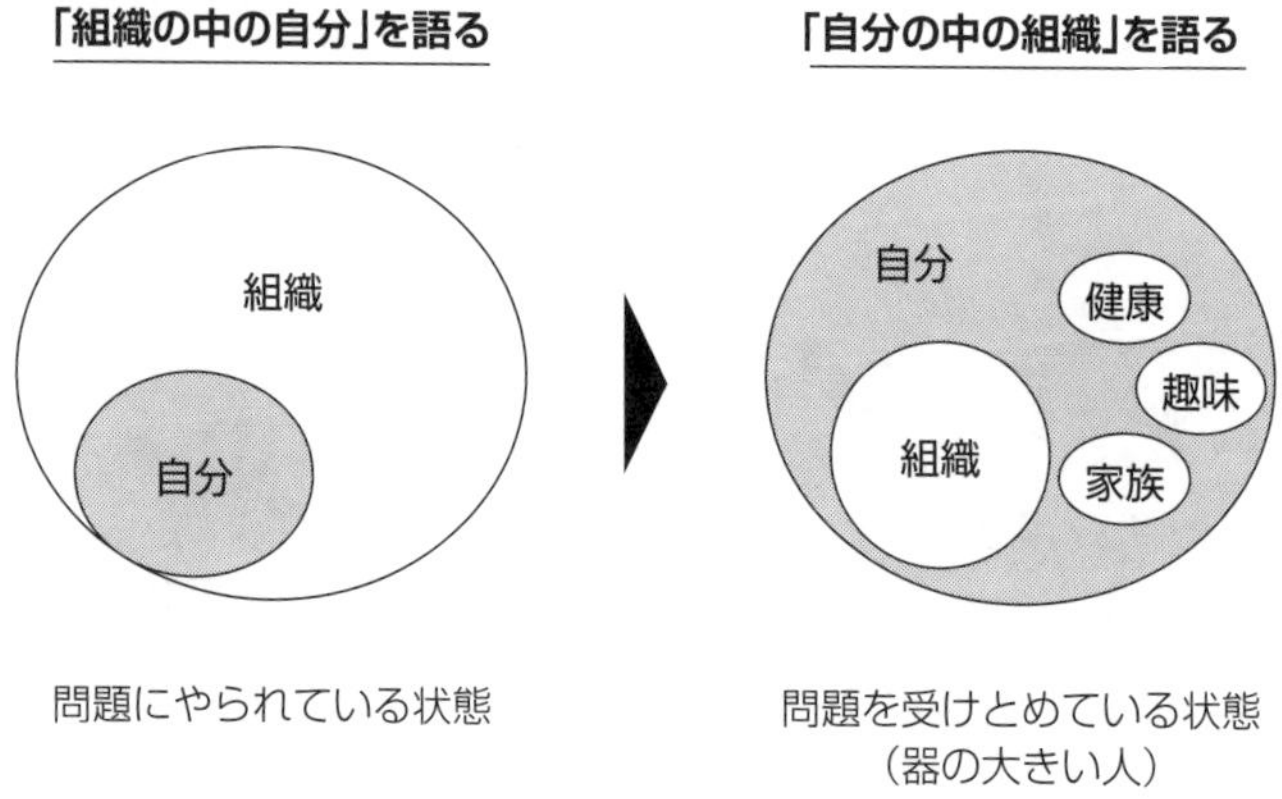

（1）東京大学 大学総合教育研究センター・重田勝介助教らとの共同研究（「高等教育初任者教員の不安を緩和する対話システムを用いた実践と評価」）から、貴重な示唆をいただきました。

（2）「メタポジション」（Meta Position）とは、自分でも他人でもない、第三者的な立場、客観的な立場、あるいは自分が存在する世界をも超越した俯瞰的な場所や立場のことです。「メタ認知」とは、メタポジションから、自分や自分を取り巻く人間関係や環境を第三者的に見ることで、問題点などを客観的に把握、理解するための考え方や見方を意味します。

（3）組織の問題で目一杯になってしまう（＝問題にやられてしまっている）のではなく、自分の器の中に組織のことも自分の健康、趣味、さらには家族のことも収めている。いわば〝器の大きい〟状態です。

4 対話による問題のほぐし方

自分を語る対話によって問題をほぐす

では、具体的に組織の理不尽な問題を前にして、自分を立てなおすために、どうやって理不尽な問題をほぐしますか？ 「どうして？ なぜ？ どうする？」を問うのではありません。いわゆるＷＨＹ系やＨＯＷ系の思考回路に入る前に、別の経路で問題にアクセスするとは、具体的にどういうことなのか？


ある若手の選抜研修での話です。受講者の対話を聴いていると、どうも硬い。なかなか、ほぐれてこない。そこでわたしはファシリテーションしているだけでなく、対話の中に入って、実際の話を聴いてみることにしました。すると、ある直感がやってきました。

「早期に選抜されたことで、かえって小さくまとまろうとしているんじゃないか？」

そこで、その直感を受講生に披露すると、出るわ出るわ、受講生から生々しいコメントが出てきました。カッコ内の言葉は、筆者のつぶやきです。

「モティベーションを落としたくない」（モティベーションは落ちるときもあるぜ）
「ワークライフバランスを大切にしたい」（短期的には、特に若いころには、崩れるでしょう）
「恥をかきたくない」（恥はかくもの、かかざるを得ない、失敗して初めて身につくこともある）
「人には負けたくない」（頭のいい奴なんて、世界中には一杯いるぜ）
「会社の役に立てないことは嫌だ」（申し訳ないけど、役に立てないことはよくあるよ）
「嫌われたくない」（たぶんどっかで嫌われるよ、特にリーダーになったら）
「最後は報われたい」（組織で報われないことなんて、よくある、よくある）

一つひとつ、丁寧に彼らの不安感をほぐしていきました。どうしたらネガティブ思考にならないかを考えようとするのではなく、ネガティブ思考になったとき、どうやって戻ってくるのか、それが大切だ、という話になりました。モティベーションは下がるもの、失敗することは避けられないことを、一度、認めてみる。抗《あらが》わない。そうしてみると、本当に必要なことが見えてくるんじゃないか。そういう展開になりました。

モティベーションが下がることを恐れて、「どうしてモティベーションは下がるのか？」

（＝WHY系）を分析するのではなく、「どうしたらモティベーションを維持できるか？」（＝HOW系）を考えるのでもない。まず一度、「モティベーションが下がると、自分はどうなるのか、どうなってしまうと思っているのか？」。まず、それを考えてみる。モティベーションが下がってしまう自分に向き合うのに、仲間の力を借りる。それが、「自分を語る対話」による問題のほぐし方です。

この章では、「自分を語る対話」による「問題をほぐす、ほぐし方」を、具体的に書いてみます。ここでは、2人1組で行う対話を基本単位とします。これまでの事例を通じて見ていただいた手法を整理し、基本的な「ほぐし方」について、まとめてみます。

2つの前提——基本スタンスと捉え方

まず、「自分を語る対話」による「問題のほぐし方」には、2つの大前提があります。

ひとつは、対話の基本スタンスです。**組織の中で個人的な話をする場合には、まずいま、相手がいる場所からスタートすることが大切です。**変な理想論や「べき論」を持ち出しては、本当の声を聴くことはできません。「議論」と「対話」は違うのです（図4－1）。「議論」は何かを決めるためにするコミュニケーションですが、対話は何かを判断するためにするものではありません。問題や現状を共有するためのコミュニケーションです。「議論」には分析的理解が必要ですが、「対話」には共感的理解が必要です。善い・悪いの判断をいったん保留して、まず相手の「いまいる場所」を尊重し、無理に修正しようとしない。余計な助言やアドバイスは控える。どんな発言や態度を前にしても、そのスタンスを取り続けることができるか。

　個人セッションの場合には最初の15分、集団セッションの場合には、最初の2時間

図4-1｜議論と対話の違い

議論		対話
論理思考 （何かを決める 判断する 原因を追求する）	VS.	**ストーリー思考** （現状を共有する 背景・経緯を知る）
分析的理解 （問題解決志向）		**共感的理解** （問題解消志向）

が勝負です。まずわたし自身が自分の中から湧いてくる不安や恐怖心という壁を越えられるか、そして相手の懐に入れてもらえるか。**相手と対峙するポジションではなく、すっ、すっ、と相手の傍らに入るポジションに並ぶことができるのか。**これは、ある種の間合いです（図4－2）。

たぶん、この本能的な間合いを、わたしは合気道や剣術の世界から、身体感覚として学ばせてもらったような気がしています(1)。対立する反対側ではなく、すっと同じ側に立つ。それができると、相手がどんな気持ちでいるのか、相手の感情がわたしの身体の中に流れ込んでくる感覚があります。

「いま、こんな気持ちでこの場所に座っておられるのではないですかぁ」「そうか、

図4-2｜対話のポジション

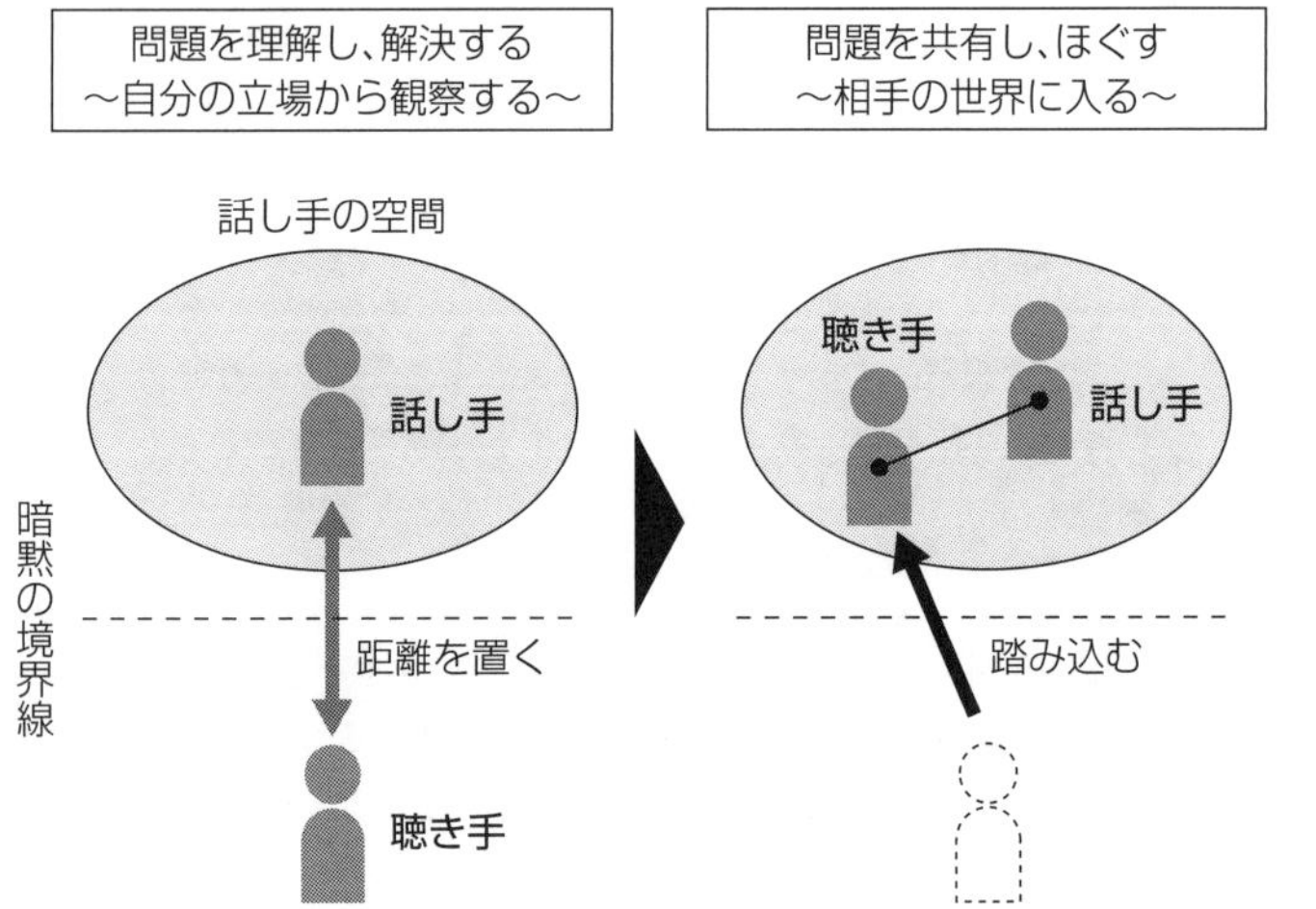

日頃、こんな気持ちで仕事されているんですね……」。いま眼の前で起きている場の空気感や相手が日頃感じている内面を言語化できると、ふたりの間にある壁、わたしと相手との間にある壁が一気に解け、同じ船に乗ることが可能となるのです。

もうひとつの大前提は、そもそも問題をどう捉えるか、目の前の問題をどのように捉えるかが、問題ほぐしの出発点となることです。わたしたちは、問題が提示されると、どうしてもそれをひとつの動かない現実として捉えてしまう傾向があります。しかし、ここでは次のように考えます。「誰かにとっての現実＝ある事実＋その事実をめぐるストーリー」（図4−3）。**問題はさ**

図4-3｜その人にとっての現実（現実≠事実）

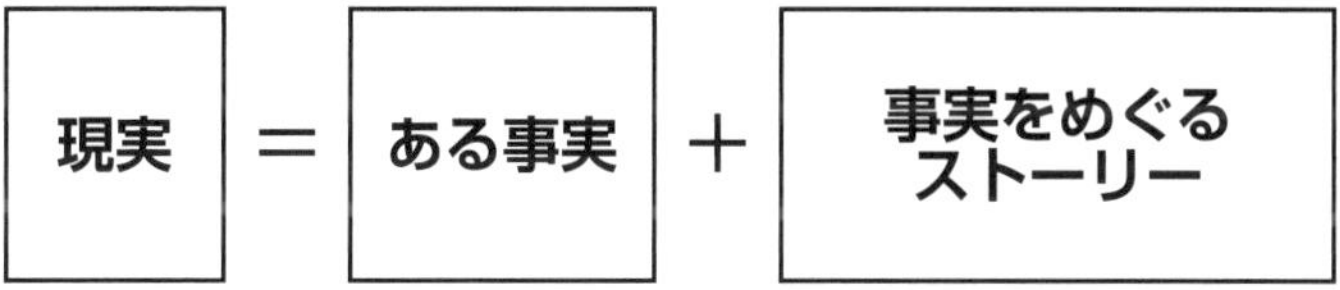

・「事実をめぐるストーリー」：ある事実をめぐる、その人なりの解釈、言い分、主観的な理解の仕方（⇒問題の背景、暗黙的な前提）

まざまな事実から構成されており、それらを意図的に結びつけたストーリー（物語）[2]から成り立っている、と。

そう考えると、問題という現実は、実はさまざまな表現方法がありうると言えます。もしいまの表現方法で身動きが取れないのであれば、別の表現方法を考えてみよう、と試みるのです。そこに問題を解きほぐす突破口を見出そうとするのです。組織の中で、問題を抱えている人の話を聴いていると、どうも目の前の問題がうまく表現できていないモヤモヤ感があることが多いのです。ある意味、問題という物語にやられてしまっている。つまり、「問題をほぐす」という試みは、当事者にとって、問題に適切な表現を与える試みともいえましょう。

自分を語る対話の基本形

「対話の基本スタンス（対話のポジション）」と「そもそも問題をどう捉えるのか」、問題をほぐす際の大前提である2つの出発点を確認できたところで、対話による問題ほぐしの基本形を提示します。基本型は以下の3点です。

①語りなおす（〝わたし〟を主語に語ってみる）
②響きあえる相手を見つける（同じ悩みを抱えている仲間と一緒に）
③響きあうためのルールを設定する（相手の土俵で話を進める）

かなりシンプルで、意外に思われる方もいるかもしれませんが、でもこれだけです。

個別に見ていきましょう。まず①**「語りなおす」**。この「語りなおす」という行為が、問題をほぐす上では、決定的に大切です。分かったつもりにならないで、あらためて問題を語りなおしてみる。語りなおす際に大切なのは、一人称で語りなおすことです。つまり、「わたし」を主語にして、語りなおすのです。通常、組織の中では、三人称が主語になっている会話が多いのです。本部長が……、マーケットが……、顧客が……。それをあえて「わたし」を主語にして語りなおしてみることで、さまざまな事象を別のつなぎ方でつなぐことができないか、つまり、別の問題の物語（ストーリー）が生まれる可能性がないかを探るのです。物語の再編集作業です。

問題の物語は、普通、「被害者の物語」になっています。三人称が主語になり、文末が「〜せざるを得ない」「〜するしかない」というような物語です。語りなおす行為を通じて、本人のやる気、勇気が出てくるような、できれば「わたし」が主語になって、文末が「〜したい」「〜でありたい」という、いわば「わたしが主人公の物語」に再編集する。それが対話による問題ほぐしの基本形です。

次に、②**「響きあえる相手を見つける」**。これは当たり前ですが、「語りなおす」には、相手が必要です。語りなおすには、聴いてくれる相手が必要なのです。独り言でもできなくはありませんが、あまり張り合いがありません。そして、その相手は、語りなおす内容に響いてくれる相手であってほしいものです。「そうか、そうだったんだぁ」「それはひどい話だなぁ」「お前も苦労してるんだなぁ」と、ただ聴いてくれる相手です。語りなおしている最中に、反論されたり、余計なお節介で助言やアドバイスされてしまっては、語りが自由に広がっていきません。何が正しいのか、議論したいわけではないのですから。

そういう相手は、組織の中で、どこにいるのでしょうか？ それは、組織の中で、同じような立場や役割を担っている者同士が最適です。同じような悩みや迷いを持っている可能性が高いからです。それゆえに、共感して話が聴きあえるのです。これまで色々なパターンを試してきましたが、上司—部下という、ある種、業績評価という利害関係のある中で、こうした語りなおしをするのは、少しハードルが高いようです。特に上司の側が、上司という役割の帽子を脱げるかどうかにかかっています。同じような立場や役割を担っている場合には、ときにライバル意識や競争心が芽生えて、語りなおしを阻害してしまう場合もないわけではありませんが、それ以上に、「悩みを共有できる」という側面が大きいようです。

実際、医療・福祉の分野では、「患者の会」が治療にとても有効とされています。専門家であるドクターとではなく、同じ患者同士が抱えている悩みを共有することで、辛い闘病生活を乗り切ることができるのです。また、アルコール依存症、薬物依存のようなケースでも、同じ問題を抱えている人たち同士が、自分の弱さを語りあう、聴きあうことで、自分が願う生活リズムを維持していけるのです。実際に、そのような支え合いをしているケースが多数あります。

最後に、③**「響きあうためのルールを設定する」**です。同じような悩みや迷いを抱えている者同士であっても、ある一定の対話のルールが必要です。特に、聴き方は、どうしても個人のコミュニケーション・スタイルに影響されてしまうからです。他人の話を聴いていると、どうしても解決策を提示したくなる人、問題を正確に理解したくなる人、結論を急ぎたくなる人、自分の話をしたくなる人……さまざまです。

そうしたスタイルに共通しているのは、相手の話を共感して聞いているのですが、実は

「自分の聞きたいことを聞いている」ことです。**「対話」で必要なのは、「相手の話したいことを聴く」ことです。**「聞く」と「聴く」の違いです。「聴く」とは文字通り、「耳＋目＋心」と言われるように、全身で相手の話を、「聴く」のです。

自分の土俵で相手の話を聞いていると、どうしても問題解決思考に入ってしまいます。自動的に、慣れ親しんだ日頃の思考回路が作動してしまうのです。意識的に、相手の土俵で相手の話を聴く。相手の土俵で、話を展開させていく。別の言い方をすれば、問題の外側に立って問題分析するのではなく、「相手の問題の内側」に入って、一緒に問題とされている事情やその背景を体感することができると、徒然なるままの語りなおしが進み、問題がほぐれていきます。問題解決モードではなく、物語モードが、語りなおしには不可欠です。

物語モードに入るための語り手のルール

議論中心のモードが主流の組織にあって、対話を通じて、お互いが自然に物語モードに入るための簡単なルールとは何でしょうか？　わたし自身がワークショップを主宰する場合、まず語り手にお願いしているのは、以下のものです。

①エピソードを中心に語る

問題を情報中心に話していると、その情報を話し尽くした時点で、話が終わってしまいます。しかし、たとえば、具体的に、こんなことがあって、こんなシーンがあり、そのとき、相手は、自分は……と、エピソード中心に話し出すと、話がどんどん膨らんでいきます。象徴的なシーンが、よりリアルに想い出されてくるのです。それがまた相手に伝わるのです。

そして、いままで語られていなかったこと、本人も忘れていたようなことが語られる場合もあります。本人も語りながら、びっくりしてしまうような、そんな内容です。問題の背景に埋没していたような出来事が前面に現れてくると、頭の中で、これまでの結びつけ方とは違う結びつけ方が生まれてきます。手持ちのカードが増えれば、当然、見え方も変化してきますから、問題自体の表現も微妙に変化してくるのです。

②自分の気持ちを中心に語る

「自分を語る」のは、「ちょっと恥ずかしい」「苦手だ」という方がいます。特に、中高年の男性に多いような気がします。確かに、慣れが必要な面もあります。

「自分を語る」とは、**「自分の気持ちを中心に語る」ということ**です。淡々と事実（と本人が思うこと）を語るだけでなく、できれば、抑揚をつけて、身振り・手振りを交えて、気持ちを乗せて語ってもらうほうが、聴き手にはありがたい。単なる事実だけでなく、「自分がどう感じたか」、気持ちを中心に語ってもらえると、聴き手も共感しやすいのです。同じ情景、同じシーンを思い浮かべながら、話を聴くことができます。

あたかもそれは、大画面上の同じシーンを見ながら、本人の実況解説を聞いているような、そんな感じです。その結果、どこがストーリーのツボなのか、まだ語っていないこと、ときには潜在的に隠していることも、明らかになりやすい。ご本人の潜在意識も活性化されて、記憶が鮮明に蘇ってくることもあるようです。記憶は、脳の中で感情とセットになっているからでしょう。

物語モードに入るための聴き手のルール

次に、聴き手の側です。「自分を語る対話」、自分のことを語りなおすには、相手の聴き方が決定的に重要になります。コトの正否を決する議論ではなく、問題を共有する対話をしたいわけですから、聴き手は、相手の物語を進める、拡げるというスタンスを維持したいものです。

通常、議論の場では、「YES　BUT」（なるほど、でもさぁ）というコミュニケーションが主体ではないでしょうか。たまに、「NO　AND」（そうじゃなくて、だからさぁ）という強気の方もおられますが。語りなおしの場では、「YES　AND」（へぇ〜、そうなんだぁ。それで？）という聴き方が大切です。

この「YES　AND」をさらに具体的なコツレベルで整理すると、以下のようになります。まさしく「インタビューのコツ」とでも言えるものです（図4－4）。

①相手のキーワードを拡げる
②本人に焦点を合わせる

図4-4｜インタビューのコツ

①相手のキーワードを拡げる
⇒「それって、どういうこと？」

②（問題や状況ばかりでなく、）
本人に焦点を合わせる
⇒「で、あなたはどう思っているの？」

③自分の印象を返す
⇒「私には〜と聴こえた」

コト・モノから
ヒトに意識を
向けてみる

③自分の印象を返す

コーアクティブ・コーチング[3]というコーチングの一流派を学び、そのコーチング手法を教えるという仕事を通じて学んだこと、またナラティヴ・アプローチという思想に出会って、一定の社会科学的な枠組みを活用して見えてきたこと、そしてわたし自身の試行錯誤から身体で覚えたこと、これらを整理してみると、どうも相手の語りを引き出すコツは、このあたりにありそうなのです。具体的に見ていきましょう。

①相手のキーワードを拡げる

相手の語りを聴くとは、「相手の土俵で話を聴く」ということでした。そのための具体的なコツは、相手の語る言葉に注目することです。

わたしたちは相手の話を聴いているとき、つい、分かったつもりになってしまいます。そして、相手の言葉を自分の言葉に言い換えたりしてしまう場合があります。ときに言い換えられることで、相手の語りがストップしてしまう場合があります。「オレが言っているのはそういうことじゃない。分かったようなことを言うな！」という反発にあってしまう。反発にあわないまでも、何となくちょっと違うズレが積み重なっていく。これが「自分の土俵で話を聴く」という典型的な事例です。

すべての相手の言葉に反応する必要はありませんが、どうも相手の気持ちがこもっているような言葉、何度も繰り返し出てくる言葉、相手の身振り・手振りがともなってくる言葉、こうした言葉はその相手にとってキーワードである可能性があります。その場合には、分かったつもりにならず、質問してみるとよいでしょう。相手の人も、自分が語った言葉ですから、語りやすい。あらためて語ることで、そこに思わぬ発見が生まれる場合もあります。

専門家の場合には、相手の言った言葉を微妙に言い換える、いわば「ずらす」ことで、相手の語りを引き出すこともできますが、やはり相手の言葉をそのまま使うことのほうが、反発されるリスクが少なくなり、無難でしょう。つまり、**相手のキーワードを入り口にして、相手の語りの世界を拡げる**のです。

「相手のキーワードを拡げる」というのは、カウンセリングやコーチングの世界で、「拡大質問」(オープンエンド・クエッション)と呼ばれるものの一種です。相手が「はい」「いいえ」で答えるのではなく、また選択肢の中から選ぶのでもなく、自らの答えを語る必要がある質問です。この「拡大質問」ができるようになるまで、少しトレーニングが必要になるのですが、次のようなイメージで考えていただくと、質問しやすくなるようです(図4−5)。

まず、**「それって、どういうこと?」**。キーワードそのものについて、「相手の意味合い」を問う質問です。もっともシンプルな質問ですが、分かったつもりにならずに聴くという点で、もっとも基本となる質問です。さらに、**「たとえば？」**と具体例を問う質問があります。

人間の思考は、どうしても物事を括ったり、一般化する傾向があります。特に男性は、概念的な話になりがちです。「問題をほぐす」には、まず具体的にほぐしていくことが重要です。**「それって、どういうこと？」や「たとえば？」という質問は、キーワードを横に拡げているイメージがあります。**

それに対して、上下に拡げるような質問もあります。

まず、下に掘る質問から。**「何がそう思わせるの？」**。一瞬、不思議な感覚がする問

図4-5｜相手のキーワードを拡げる

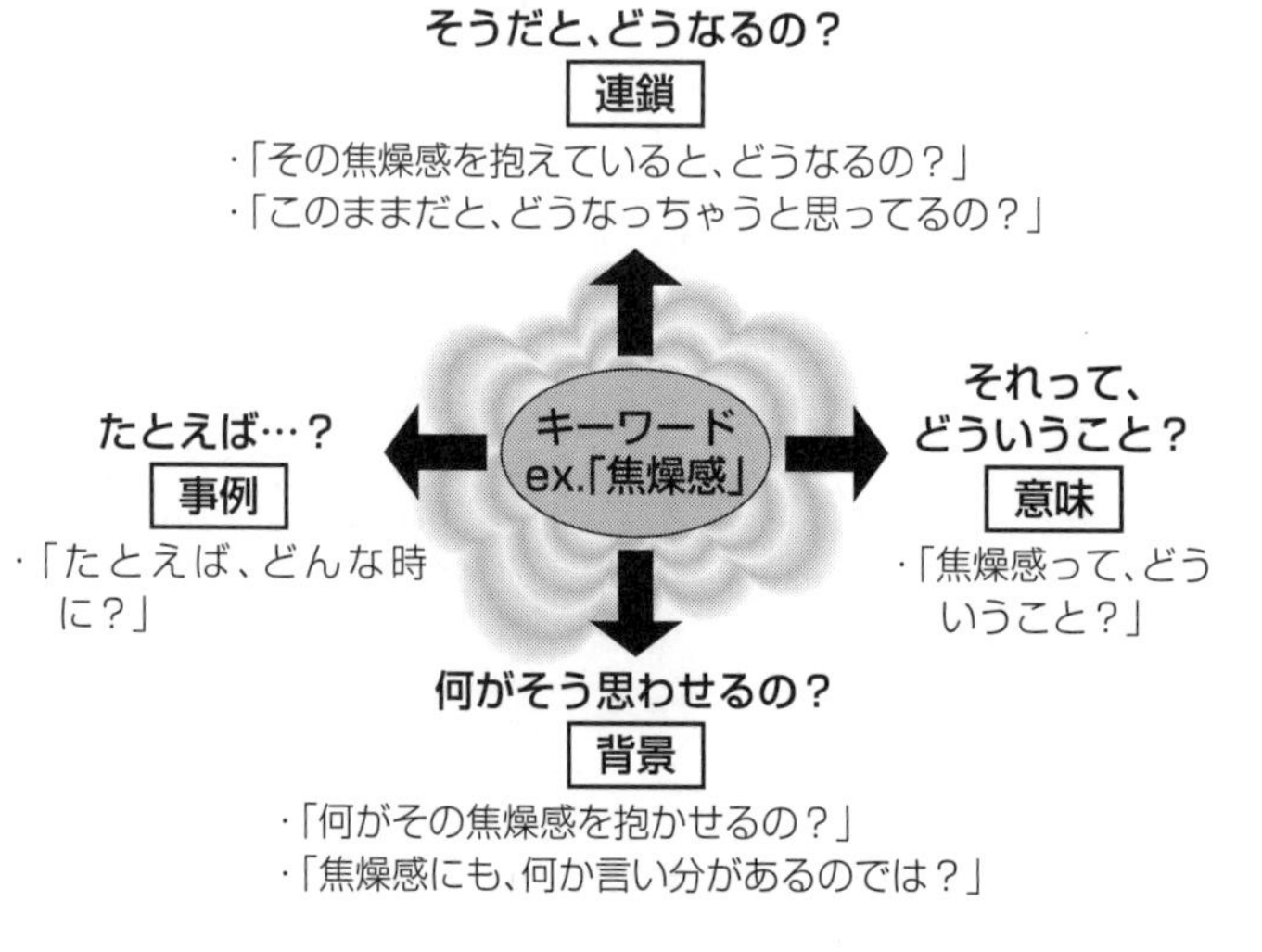
そうだと、どうなるの？
連鎖
・「その焦燥感を抱えていると、どうなるの？」
・「このままだと、どうなっちゃうと思ってるの？」
たとえば…？
事例
・「たとえば、どんな時に？」
キーワード
ex.「焦燥感」
それって、どういうこと？
意味
・「焦燥感って、どういうこと？」
何がそう思わせるの？
背景
・「何がその焦燥感を抱かせるの？」
・「焦燥感にも、何か言い分があるのでは？」

いかけです。基本的には、「なぜそうなの？」と、「WHY」で問うところを、あえて「WHAT」で始まる質問に変換しています。「何がそう思わせるの？」と「なぜそう思うの？」。質問の方向性は同じですが、微妙にニュアンスが違いませんか。前者のほうが答えるのにもちょっと余裕が感じられるのに対し、後者は少し迫られている感じがあります。また後者は議論を誘発し、問題解決思考のスイッチが入ってしまう予感がします。自然な語りを引き出すには、少し余裕の構えで質問を投げかけたいので、あえてこのような質問をするのです。

次に、上に拡げる質問です。**「そうだとすると、どうなるの？」**。本当かどうかよく分からない、コトの正否を議論するつもりもない。あなたの言う通りだとすると、その先はどうなっているか、相手の物語を先に進める質問です。相手の語りの筋を否定することなく、とりあえず、どんどん伸ばし、拡げていく系の質問です。よくあることですが、ある問題認識は、芋づる式に、別の問題認識や不安を引き起こしています。想像不安といわれる現象です。

このように、**相手のキーワードを上下・左右に拡げていくと、相手の語りが進み、問題の物語が徐々にほぐれ始める**のです。これまで本人もあまり意識することなく、言語化されることのなかった問題の背景や前提が言語化されるとは、「問題を支えている文脈」が「見える化」されることでもあります。こうして、動かないと思われていた問題の物語が少しずつ動き始めるのです。

②本人に焦点を合わせる

問題に関する語りを聴いていると、わたしたちはつい、問題をめぐる状況や事柄に注目し、解決してあげたくなるものです。たとえば、部下がゴールに向けてドリブルしているところで、上司が部下のボールを奪ってゴールしてしまう。そんな風景をよく目にします。他人の問題を解決するために、情報収集をしてしまいたくなるのです。問題を理解する上ではそれも必要ですが、問題の物語を進めるという観点からは十分ではありません。**その問題を本人がどう捉えているか、それこそが問題の物語の核心**だからです。

それゆえ、ある程度、問題の状況や背景といった問題の周辺部を聴いたところで、その問題を本人がどう捉えているのか、どう感じているのか、それらを問う質問が必要です。それは、**「で、あなたはどう思っているのか？」**という質問です。「相手のキーワードを拡げる質問」が拡散系の質問とすれば、この「あなた」で始まる質問は収束系の質問といえます。拡散と収束を繰り返しながら、問題の物語をほぐしていくのです。

そして、ひとつのヤマ場に差し掛かったところで、次のような質問が必要になってきます。**「それで、あなたは本当はどうしたいのか？」「どうありたいのか？」**という質問です。本人の本音を引き出す質問です。本人のＷＨＯを問う質問です。この質問を語りの最初にしても、答えは返ってきません。十分に語りが進み、本人の中で物語が動き出して初めて答えられる質問です。

問題を語る、その語りの主語がまず三人称から一人称に変わる。文末がさらに「〜せざるを得ない」「〜するしかない」という形から、「〜したい」「〜でありたい」という語りに変化する。被害者の物語が、主人公の物語に変化する瞬間です。そのために、「あなた」で始まる質問、本人に焦点を合わせる質問が重要なのです。(4)

③自分の印象を返す

相手の語りを引き出す上で、傾聴と質問の技術は不可欠です。ある程度の慣れが必要です。ここ十数年、カウンセリング、コーチング、ファシリテーションといったコミュニケーション系の研修が、幅広く行われてきました。そうした研修内容の根底にある基本スキルということで、①と②をご紹介してきました。しかし、わたし自身が、もっと簡単、シンプルで、当たり前のことを忘れていたのに気づいたのは最近のことです。それは、「自分の印象を返す」という行為そのものです。

相手の語りを聴いていれば、言語以外にいろいろなことを感じます。それは非言語系のものです。コミュニケーションの70％以上が非言語系で成立しているとする説もあるくらいです。相手の話を聴いていて、**「わたしには〜と聴こえた」「わたしには〜と観えた」**と、そのまんま素直に伝える行為が、相手の物語を展開するのに、予想以上の影響を及ぼすことがよくあります。これに対して、「君の言ってることは、〜ということだよね」とか、「問題の本質はここにあるよね」というような表現は、問題の核心を突くことはありますが、ときに相手の反発を引き起こしたり、相手を黙らせてしまうこともあります。

この違いはどこにあるのでしょうか？

「わたしには〜と聴こえた」 vs.「あなたの言いたいことは、〜ということだよね」

これも微妙なニュアンスの違いですが、後者にはやや決めつける匂い、相手にレッテルを張る匂いがします。自分の土俵で相手の話を聴いている、問題を外側から観ている感じが伝わるのでしょう。

一方、前者は、わたしにとっての事実をそのまま伝えるというニュアンスがあります。相手にとっては、自分が評価・判断されるのではなく、自分を客観視するキッカケとなります。「わたしで始まるメッセージ」（「I Message」）と「あなたで始まるメッセージ」（「YOU Message」）の違いです。**「わたしで始まるメッセージ」のほうが、相手にジワッと沁み入る**のです。時間が経っても忘れにくい、後効きする傾向があるようです。

ひとりでは、現実を立体的に捉えることはできません。当事者になってしまうと、自分の立場・ポジションが固定されてしまいがちになり、多面的に、さまざまな側面から問題を捉えることが難しくなります。それゆえに、語りを聴いてもらい、別の世界観、見立てを提示してもらうことは、自分の認識の壁、限界を超えるのに、とても有効です。同じ悩みや迷いを持った者同士が、共感をベースに、印象を伝えあうことで、問題をほぐす。このベーシックで、あたり前の行為が持っている力を最大限に活用しようとしたものが、6章で述べる対話の仕組み「智慧の車座」です。

以上が「自分を語る対話」による「問題ほぐし」の基本です。話し手が、自分の抱えている問題の中で、聴いてもらいたいと思う問題を共有することが始まりです。無理に話す必要はありません。その人のリズムを大切にしてほしい。話すのであれば、できるだけ自分を主語にした一人称で、個別・具体的に、エピソード形式で感情を交えて語れるといいですね。

そして、聴き手です。だいたいのケースでは聴き手の聴き方が鍵を握っています。まず**「自分の聴きたいことを聴くのではなく、相手の話したいことを聴く」**。細かいスキルも伝えましたが、これが基本です。

自分の聴きたいことを聴き始めると、往々にして問題解決モードに自然にはまっていきます。問題を分析して、理解する必要はありません。相手は判断を求めているわけではありませんから。また素晴らしい解決策を提示する必要もありません。語られる問題をストーリーとして共感して理解していれば、これまで語られていなかったストーリーが生まれ、勝手に展開していきます。聴き手側が、話し手のストーリーが動き出すのを待てるかどうか。対話の質はそこにかかっています。

（1）合気道には、入り身という技があります。対峙しているポジションから、相手の裏側に入ってしまうことで、相手から攻撃を受けず、相手を制することができるポジションです。合気は、相手と一体化することで、相手を制する。勝つ必要はないが、負けることはなく、相手の悪意を無力化する特徴があるように思います。

（2）ナラティヴ・アプローチの観点からは、「ストーリー」という言葉よりは、「ナラティヴ」という言葉が適切ですが、ここでは分かりやすさを優先し、「ストーリー」という表現を採用しました。2章後注（2）を参照。

（3）コーアクティブ・コーチングは、米国CTIが開発したコーチングの技法です。コーチとクライアントの協働的な（コーアクティブな）関係性をデザインする点に特徴があり、質の高いトレーニング内容は世界的に高く評価されています。日本では、CTIジャパンがライセンス供与を受けてプログラムを提供しています。

（4）コーアクティブ・コーチングでは、この本人に焦点を合わせることを「コーチが話の舵をとる」という表現をしており、独自の対話の方向感を有しています。ローラ・ウィットワース他著、CTIジャパン訳『コーチング・バイブル』（東洋経済新報社、2002年）。

5 自分の中の組織を語る——対話の実践

国内需要が減退していく中で、合併・統合の必然性は分かってます。でも、理解はしているけど、自分は納得していなかった。いくら社長が将来ビジョンを語っても、それはしょせん株主向けのストーリーでしょ。僕ら社員向けの話じゃない。統合後の夢を語りあいたかったんですね。新しい仲間と出身母体の垣根を越えて話をしてみて、そのことがよく分かりました。

（エネルギーメーカー、チームリーダー、42歳）

久々に自分のことを話したり、仲間の話を聴いたりして、すっきりした。朝から晩まで、ずっと実験室にいて、下手すると誰とも話をしないで1日が終わることもよくあります。ここ数年、余裕がなく、変なモヤモヤ感があったけれど、その理由が分かった気がする。

（製薬会社、研究者、35歳）

「（毎日、葛藤を抱えて）職場で必死に戦っているんですね」。メンバーに言ってもらったひと言で、自分のまわりにあった壁が壊れました。ずっと無理して、頑張ってたんですね。ようやく鎧を脱いで、素直になれたような気がします。

（公益企業、フィールド監督者、30歳）

自己矛盾。自分の中に、悶々とした葛藤が渦巻いていることに、初めて気づいた。ドキッとした。

（素材メーカー、グループリーダー、42歳）

「どうしてオレが……、オレばっかり……」「何で会社は……」。自分が文句ばっかり言っていることに気がついた。一方、言ってることと、やってることが、かなり矛盾している。有言不実行。明日から出直します。

（広告会社、クリエイティブ・ディレクター、28歳）

自分で自分のことを「一人称」で語りなおす。分かっているつもりのことでも、あえて「わたし」を主語にして、理不尽な問題に直面している自分の気持ちを中心に、語ってみる。相手はそれを問題解決することなく、受けとめる。この2人1組で実施する対話が、「問題ほぐし」の基本です。

他者に語ることで、自分自身を相対的に見ることができるようになります。組織の中で、納得できないような状況に直面せざるを得なくなった場合に、問題解決思考をすると、かえって問題の深みにはまってしまいます。特に、原因を自分に見出してしまうと、自分を追い込みすぎてしまう場合もあります。自分自身やまわりの状況を分かったつもりにならず、もう一度、丁寧に語りなおすことで、意外なところに解決の糸口が見つかる場合がよくあります。

この章では、自分を立てなおし、解決の一歩を見出すために、筆者が取り組んできた2人1組の対話を基本にした、集団セッションの様子をご紹介します。

ここでご紹介するのは、主に企業内の選抜研修の一環として実施している「オーナーシップ・プログラム」と呼ばれているプログラムです。同じ会社の同じ立場・役割のメンバー、20名前後が、輪になって座り、個人が抱えている組織の問題を対話するプログラムです。このプログラムは、2001年から実施しているので、延べ人数8000人前後の方たちが経験されたことになります。社内の、同じような立場のメンバーが集まったとき、個人の抱える組織の問題がどのようにほぐれ、それまで悶々としていた気持ちをどう解消していくのか。自分を立てなおす流れを擬似体験していただければと思います。

オーナーシップ・プログラムの流れ

オーナーシップとは、当事者意識のことです。組織の中で同じ立場の者同士が、自分の問題を一人称で語りなおすことによって、問題解決することなく、不条理な問題をほぐし、ほどいて、少しでも自分ごとにすることを支援するのが目的です。問題の大きさ、複雑さにやられてしまっているとき、本人は「問題の被害者のストーリー（物語）」にはまっています。この「被害者のストーリー（物語）」を、対話を通じて再編集することで、本人自らが問題の物語における主導権を取り戻し、少しでも主人公になれるように支援します。

このプログラムは、原則1泊2日の日程で実施されます。大まかな流れは、次のようなものです。

〈1日目：オーナーシップ・プログラム　A〉

①対話の場づくり
②現場の問題意識を語る（まずは建前から）
③自分にとっての問題として語りなおす（建前から本音へ）

〈2日目：オーナーシップ・プログラム　B〉

④個人の価値観を洗い出す（本心を探る）
⑤問題意識と価値観を統合する（本音と本心をつなぐ）

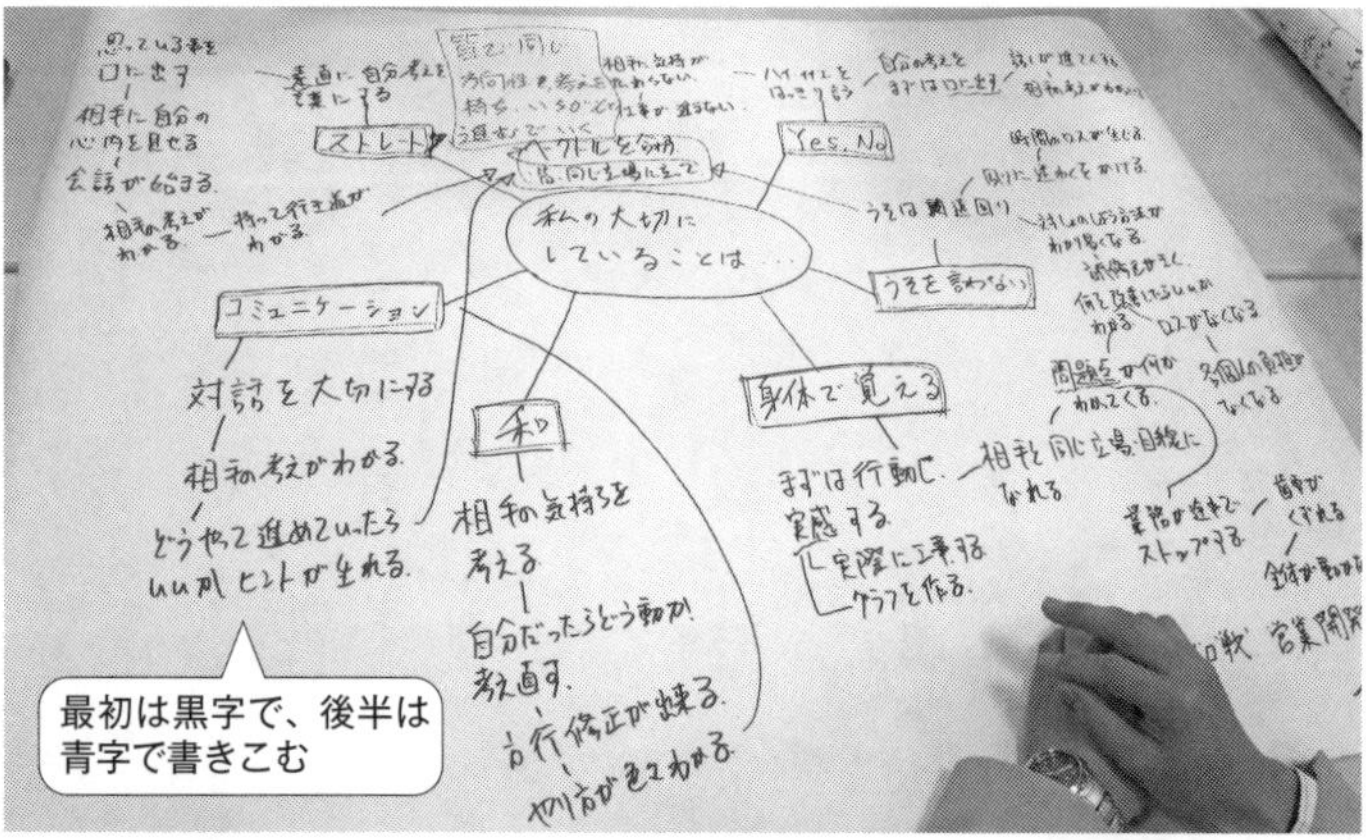

3 自分の価値観や大切にしていることを書きこみながら、整理する（④個人の価値観を洗い出す）

4 問題のマインドマップと価値観のマインドマップを見比べる（⑤問題意識と価値観を統合する）

オーナーシップ・プログラムの風景

1 マインドマップを描きながら対話する（②現場の問題意識を語る）

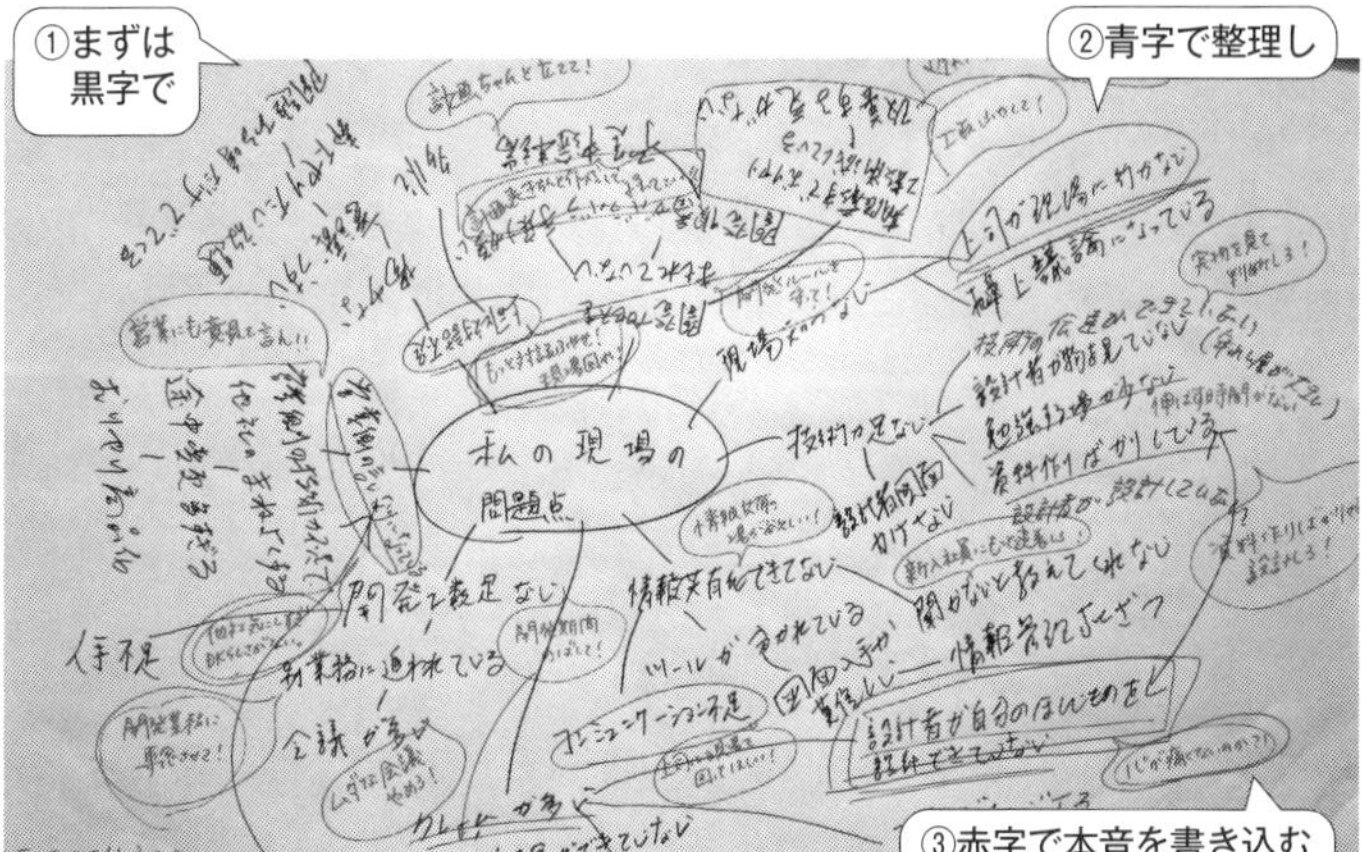
①まずは黒字で
②青字で整理し
私の現場の問題点
③赤字で本音を書き込む

2 書き出した問題点に本音を書き込む（③自分にとっての問題として語りなおす）

⑥最初の出発点を見つける（本気の一歩を決める）

では、いよいよ、ここから、自分で自分のことを「一人称」で語りなおすと、実際に、どのようなことが起こるのか。分かっているつもりのことでも、あえて「わたし」を主語にして、自分の気持ちを中心に語ってみると、何が生まれるのか、実際の事例をご紹介しましょう。

事例1　同じ立場のメンバーを集めると生まれる本音の対話(1)
——大手銀行「新任女性管理職が集う」

会社の中で、同じ立場、同じ役割を担っている参加者を集めるのが、オーナーシップ・プログラムの基本です。誰が、どんな特性を持っている人が集まるかで、対話の質のレベル感も変わってきます。いちばんの理想形は、会社の中で本当に「困っている人」「悩んでいる人」を集めることです。

この仕事をする上での概念的な枠組みを与えてくださった野口裕二先生（東京学芸大学教授）は、わたしが新しい仕事の展開を報告するたびに、「ところで、その人たちは困っているんですか？」といつも問われます。本当に困っている人たち同士が集まれば、自然に一人称の語り、「本音の対話」が広がります。難病と闘う患者さんたちの会では、定期的に集まると、最新の治療情報の交換、お互いの近況報告、そして深刻な悩みの共有が自然と行われていきます。手段としての企業研修が目的化しないように、自戒させてくれる問いかけです。

会社の中で本当に困っている人が集まると、どんな展開が起こるのか、わたし自身、強烈な体験をしたのは、大手銀行の新任女性管理職を対象に実施したオーナーシップ・プログラムでした。

A銀行は複数の旧都市銀行が合併し、再編された大手銀行です。再編にあたっては銀行内が大きく混乱し、多くの退職者が発生しました。A銀行は人材流出の穴を埋めるべく、積極的に女性の管理職登用を進めました。

しかしながら、ながらく男性中心社会であった組織で、女性が管理職になることに対しては、さまざまな抵抗や反発があったのです。また、同性の間であっても、昇格した人と昇格していない人との溝が生まれてしまう。その結果、昇格した女性が職場で孤立してしまうのです。さらに、女性の場合、結婚、出産、介護といったライフ・イベントが男性より早く訪れる可能性が高く、ライフ・イベントが発生した場合、それを理由に退職してしまうケースも少なくありません。

こうした状況の下で、経営トップから銀行風土の意識改革の一環として、さらに女性登用を進める方針が打ち出されたため、登用した女性管理職を支援する施策を早急に展開する必要が出てきました。男性が主流の管理職ネットワークの中で、孤立しがちな女性管理職の支援策を検討するに際して、ナラティヴ・アプローチで実践されている「セルフ・ヘルプ・グループ（自助グループ）」が参考になりました。「セルフ・ヘルプ・グループ」とは、患者さんの会やアルコールや薬物依存など、原因は特定できても解決策がない問題を抱えている人たちが主体的に集まり、運営している会のことです。専門家を介在させることなく、同じ悩み、痛みを持った人同士が、お互いの個人の語り（ストーリー）を交換し、共有することで、それぞれの抱える問題がほぐれて、軽くなっていく原型がそこにありました。銀行の新任女性管理職は、まさしく同じ悩み、痛みを抱える集団だったのです。

A銀行においては、20名前後の女性管理職に対し、半年間にわたり、1カ月に1回程度の頻度で、1泊2日の合宿形式の研修を実施しました。まず、日頃、個人的に悩んでいること、困っていることをテーマに設定し、2人1組で、お互いの「自分についての語り」を交換する対話からスタートする。さらに、4人1組、8人1組、そして全体へと、対話を拡張していくのが、運営の特徴です。

まず2人1組でじっくり相手の「一人称の語り」に耳を傾ける、自分の「一人称の語り」も聞いてもらう。この双方向の体験が、場に対する信頼を確かなものとし、本音が話せる場が醸成されてくるのです。いきなり全員に対して、興味のあるテーマを投げかけても、是非の議論はできたとしても、すぐに本音に迫る深い対話にまで至るのは難しいものです。

こうした場作りを行うと、最初は（経験的には1日目の夕方くらいまでは）、不平、不満が続出します。それは、「どうして？」「なんで？」という表現で始まる特徴があります。被害者の物語です。

ここで肝心なのは、こうした不平、不満を修正しようとしないことです。本音レベルの不平、不満を話してもいい。どんどん吐き出せばいい。その不平、不満の裏側には、「実は自分はこうしたいという願い（＝本心）」が隠されているからです。

たとえば、他責モードで経営陣を痛烈に批判していた参加者が、「あの再編合併のとき、世間の冷たい眼を感じた。でもわたしが辞めなかったのは、やっぱりこの銀行が好きなんだよね」と、ぽつりと語る瞬間がありました。その話を聞いた全員が「ハッ」とした。ひとりの気づきが全員の気づきに伝播するのです。

この「ハッとする瞬間」が訪れると、対話の場は反転し、前向きな議論が生まれてきます。

いつ、どこで、この瞬間がやってくるかは分からないけれども、必ずやってくる。その瞬間をつかまえることができれば、単なる「不平・不満の会」で終わることはない。参加者が問題を自分ごとにし、自らの問題に対する主導権を取り戻す機会にすることも可能となります。それをわたしに教えてくれたのが、A銀行の女性管理職の参加者でした。

参加した方の代表的な声を拾ってみると、必ず目に留まるのは、

「ずっとひとりで抱えて悩んできた。でも、わたしの問題は、わたしひとりの問題ではなかった」

（女性支店長、46歳）

という気づき、発見です。まさしく、会社内での「孤立感の解消」です。一人ひとりの孤立感の解消は、女性管理職がA銀行で働き続ける上での強いネットワークを構築していきます。ある参加者はこう述べています。

「このネットワークは、わたしのセーフティ・ネットになります」

（女性融資マネージャー、36歳）

銀行組織は、「縦の関係性」が厳しいピラミッド型の組織です。その中で、マイノリティである女性管理職同士が「個人の物語」を交流することで、自然に「横の関係性」が生まれている。トップダウンの施策で、人為的にこうしたネットワークをつくろうとしても、なかなかできるものではありません。

思い返すと、A銀行の場合は、経営トップの誠実なコミットメントがあったことも、忘れることができません。対話のプロセスを半年間繰り返し、最終的に、参加者から経営トップに対し、自分の想い（願い）と具体的な改善提案を伝える機会を設定しました。通常の業務プレゼンテーションとは異なる、参加者の語り（ストーリー・テリング）によるプレゼンテーションは、銀行では前代未聞でしょう。発表テーマは、「これまでのわたし」と「これからのわたし」、さらに、「いまの自分だからこそできること」と「できないことについては、経営陣に是非、検討してもらいたいこと」の4部構成として、約10分間のプレゼンテーションです。女性特有の涙あり、笑いありの風変わりなプレゼンテーションでしたが、提案を受け止めた経営トップ自身が、思わず男泣きされたシーンが印象的でした。そして、人事部が用意した原稿ではなく、自らの言葉で、語り出されました。語りは語りを引き出すのです。

苦しい時代だったからこそ、男女に関係なく、ポジションに関係なく、誰もがA銀行で働く自分の物語を語りたい。自分がこの銀行で働く意味を再確認したい。そんな空気感が充満していました。そうした空気感の中で、経営トップが見ている課題と参加者が見ている課題が、実は〝つながっている〟〝同じ方向を見ている〟という安心感が生まれ、研修後も参加者のモティベーション持続の源泉になっていました。

3年間にわたる継続的な取り組みの結果、A銀行では約100名、このプログラムの卒業生を送り出しました。実際に、参加者の想いに裏打ちされた提案が経営トップを揺さぶり、銀行の施策に採用されたものもあります。最近では、卒業生の中から多くの支店長や本店部長も登場しているそうです。彼女たちは、自分の支店や自分の部署で、「一人称の語り」を継続してくれていることでしょう。参加者による同窓会も頻繁に開催されており、研修は、伝説の研修となって、銀行内の女性管理職の中で語り継がれているそうです。

事例2　語りのキッカケが生み出す対話
――大手総合電機メーカー「まずフォローが語る」(2)

効率重視・論理モード主体の組織の中で、いきなり「語りモードになれ」と言っても、なかなか難しいものです。非日常の研修においても、最初は日常のモードを引きずっているもの。開始後2時間で、語りの空気感が醸成できるか、そこが勝負どころです。

その中で、もっとも効果的だったのは、「社内の伝説の人が自ら語る」という試みでした。始めた当時の2004年頃には、まだストーリー・テリングという概念はなく、NHKの「プロジェクトX」をライブでやったらどうだろう、という程度の発想でした。

あるエネルギー会社の中堅選抜リーダーに対して、「プロジェクトX」のビデオ（「窓際族が世界規格を作った〜VHS・執念の逆転劇」）を全員で見てから対話することを実験してみると、かなりいい反応がありました。語る内容がいきなり深くなり、使う言葉が一気に生々しくなりました。調子に乗って、その後は「プロフェッショナル　仕事の流儀」（「コンビニ経営者　新浪剛史の仕事　さらけ出して、熱く語れ」）も使ってみました。これもなかなか好評でした。プロジェクトXがチームを主体にしているのに対し、プロフェッショナルは個人を主体にしているので、ストーリーに自己投影しやすかったのでしょう。やはり視覚教材は、場のトーンをセットするのに、とても効果的です。

しかし、こうした試みを繰り返していると、当然、「社外もいいけど、社内の人の話も聞きたい」という声も生まれてきます。こうして、中堅選抜リーダーにナマの話ができる人材はいないか、人材探しが始まりましたが、なかなか誰が話すか、何を話すのか、誰にお願いするのがいいのか、微妙な政治的な話も出てきてしまい、なかなか決まりません。

そうこうしているうちに、ある総合電機メーカーB社から、「ウチのフェローの話で、本音の対話をやってみたい」という話が舞い込んできました。フェローに、ちょうど技術担当役員から外れたばかりで、大学院でも教壇に立っているとのこと。事業本部長時代に、世界的な特許紛争を乗り切った大物で、語り部として最適です。

B社は、「本音の対話」を通じて、自社が潜在的に持っている「仕事の型」や「企業DNA」を言語化し、共有化できないか、と考えていました。往々にして、「企業DNA」の伝承というと、講義形式で、創業者の言行や成功談を押し付ける形となりやすいものです。その結果、創業者の言行や成功談は、あるべき論や道徳論となってしまい、むしろ当事者意識を削いでしまう場合が多い。そうした弊害を避けるために、参加者がまず自由に「一人称の語り」を行い、共通感覚を明らかにすることで、「仕事の型」や「企業のDNA」が浮上することを意図していました。

最大の難関は、「一人称の語り」のキッカケを作り出す点です。左脳思考重視の技術者が、主観的な一人称の語りをすることができるのか。日常の現場から切り離し、研修の場に来てもらえば、自然に「一人称の語り」が発生するわけではありません。そこで、B社の役員で、伝説の主任エンジニアと呼ばれているフェローをゲストとして招聘し、ゲストにまず一人称の語りをお願いしたのです。

その語りとは、単なる先輩エンジニアの成功談や自慢話ではなく、「あのとき、自分はどう考え、どう判断し、どう行動したのか?」、そのときの感情も交えて、極めてパーソナルなエピソードを共有してもらえるよう、リクエストしました。ゲストがパーソナルなエピソードを開示する度合いが深ければ深いほど、参加者の中に、共感や反発が生まれる。その感情的な反応こそが、今度は参加者自らの「一人称の語り」を誘発するだろう、と考えたからです。

B社は、技術開発に強いこだわりを持つ伝統的な大手総合電機メーカーです。高度成長期には、B社は均質な組織文化の中で、暗黙知を形式知に転換し、共有するためのさまざまな仕掛けを持っていました。たとえば、新入社員が必ず入寮する教育寮が存在していたり、一体感を醸成するための社員旅行や運動会が開催されたりしていました。同時に、単にマニュアルを読むだけではなく、濃密なOJTも実施されており、そうした仕掛けとセットになって、体験重視の人材育成が行われていました。仕事は同時に「学びの場」であり、問題が発生すると、組織の濃密な人間関係の中で解消されるメカニズムがあったのです。

しかし、バブル期以降の業績停滞期において大胆なリストラが実施され、こうした仕組みは希薄化します。グローバルな競争が激化し、収益力が低下する中で、経営トップからは、あらためて自社の強みに立ち返るべきとの想いが提示されました。

自社の強みとは、単に経営資産や技術力だけではない。それは創業当時の理念、すなわち、「そもそも自分たちは何を大切にする会社なのか？」という「企業の価値観」であり、「企業DNA」とも呼ぶべきものです。さらに、その会社独自の仕事のやり方・流儀、いわば「仕事の型」というものがあり、それらが組織の強さを生み出している。たとえば、トヨタには、「5つのなぜ」と呼ばれる行動基準があります。現場で問題が起きたとき、「5回なぜを考えよ」という共通の仕事のやり方が定着していると言われています。

B社では、主任エンジニア同士が「本音の対話」を行うことで、「自社の価値観」や「仕事の型」を意識的に言語化してみよう、と試みたのです。


実際の流れを見ていきましょう。まず冒頭、フェローからの語りを約1時間程度、お願いします。できるだけパーソナルなエピソードをお願いするのですが、フェローも技術者です。最初の頃は、なかなか一人称の語りを滑らかに語ることはできません。どうしても技術面のテクニカルな話がメインとなってしまいがちです。そこで後半はわたしがインタビュアーとして立ち、公開インタビューを行いました。黒柳徹子さんの「徹子の部屋」のイメージです。語られていないエピソードや心情を引き出したり、参加者からの質問も受け付けたりして、約1時間のライブセッションです。

こうしてフェローの語りを聴いた上で、いよいよ参加者同士の対話です。まず、対話のために、いくつかの問いを立てていきます。「どこに共感したか?」「どこに反発したか?」「そして、自分自身はどうか?」。賛同する面ばかりでなく、「本音の対話」には、反発した面にも触れることがミソです。フェローの話を壁打ちの壁にして、参加者の生の反応を引き出しているのです。ある語りは別の語りを引き出すのです。

「フェローの時代とは違う」「あのときの判断ミスのお陰で、いま、自分たちの世代は苦労している」などと反発しながらも、「(現在はアウトソーシングで外部から調達しているが、フェローが言われたように)、自分もまたあの部品を作りたくなってきた」と共感するようなコメントや、さらには、「モノづくりは、オレひとりでやっているんじゃないことを痛感した。支えられているんだよなぁ」といった、つぶやきも聴こえてきます。

2人1組のインタビューの中で出てきた印象的なキーワードや面白いつぶやきは、2人1組を4人1組にして、まず小グループで共有していきます。いきなり全体で共有するのは少し乱暴で、大切な言葉が表に出てこない可能性があるからです。丁寧に、2人1組、4人1組、そして全体へと内容を共有していきます(図5−1)。素晴らしい内容であるにもかかわらず、どうも日本人同士ですと、いきなり全体で対話の内容を共有するのは抵抗感があるようで、こうしたちょっとした工夫が必要な感じがします。
場全体で共有していくと、ときに、あるコメントに対して、場全体が大きくうなずく瞬間がありました。

「俺たちはメーカーなんだよ。モノづくりをしたくて、この会社にいるんだよなぁ」

参加メンバー全員の共通点が言語化された瞬間です。注目したいのは、発言の主語が、時間とともに、変化していく点です。当初は、「あの人は」というように、三人称であった語りの主語が、「自分は」という一人称に変化し、さらには、「自分たちは」に変化してくる。「He→I→We」という変化です。しかも、語りの端々で、文末が「〜すべき」から「〜したい」に変わってくるのです。個人のストーリーが再編集され、それが集団のストーリーへと進化していく過程です。
参加者が、フェローの語りをキッカケにして、自らの一人称の語りをポツリ、ポツリと始める。その自らの語りの中から、自分の「〜したい」を見つける。それが自分ひとりだけのものではなく、他の参加者と共通点を持っているという体験をする。これがB社の事例です。

図5-1｜オーナーシップ・プログラムにおける対話の組み立て方

2人１組の対話から4人１組、全体への対話と積み上げ、
個人の本音から全体の共通感覚を紡ぎ出す

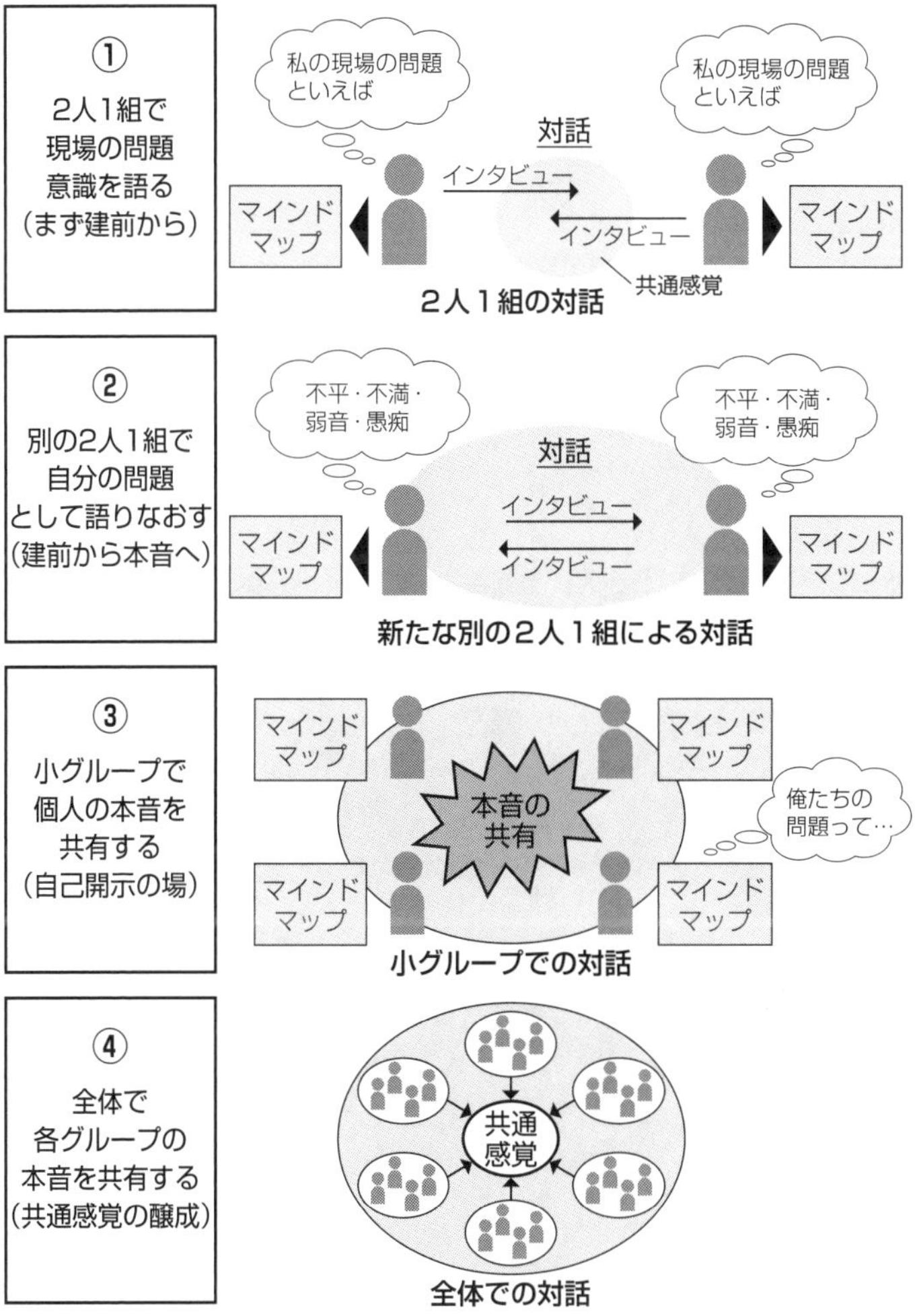

やっている仕事や職場が違っても、共通点があることに驚いた。俺たちは、この会社の一員なんだ。この会社で一緒に育ってきたことを再認識した。

（主任エンジニア、41歳）

毎回、参加者が変わることで、共通点の表現は異なりますが、その本質は同じものであることが多い。それこそが、B社独自の仕事の「型」です。誰かが決めたキャッチフレーズではなく、自らの体験と言葉に裏打ちされた、それぞれの身体に刻まれている「型」。自らの中に眠る「型」に気づいた参加者は、主体的に喜びをもって、その型を部下に伝えたくなる。そしてその語りが豊かであればあるほど、感情的な反応を呼び起こし、部下の中でも新たなストーリーを生み出す。こうして組織の「型」が伝承され、それは「企業DNA」と呼ばれる組織の物語までも、更新する可能性があるのです。

語りを終えたゲストの役員のひと言が、とても印象的でした。

「いままでは、後輩に自慢話はしまいと思っていた。でも、こうして自分自身を振り返る機会を持たせてもらうと、自分にはまだ伝えていかなければいけないものがあることに気づいた。これからの自分の役割は、語り部だと思う」

語りは受け取る側の物語だけではなく、与える側の物語も更新するのです。

事例3　真剣勝負、切磋琢磨する対話
——化学メーカー「発明道場」

研修を外から観ている事務局の人たちに言わせると、わたしの研修はとても受容的で、包み込むような感じがあるのだそうです。別に優しくしようと思ってやっているわけではありませんが、参加者の現在地を否定しない、というスタンスが、そのように映るようです。

しかし、いつも参加者を肯定しているばかりではありません。参加者の存在を否定することはありませんが、現在の姿勢に対して挑戦することはよくあります。年配の参加者に多いのは、「自分はできている」「オレのやり方は間違っていない」という頑固な姿勢であり、若い層に多いのは、「オレって、イケてる?」という大きな誤解です。

研究開発型化学メーカーC社で実施している「発明道場」では、8カ月の研修期間の前半に、オーナーシップ・プログラムを活用した集団セッションを実施しています。C社では、「自社の研究開発力は根枯れを起こしているのではないか?」という危機感を動機に、研究

開発部門のトップ自らが主宰者となり、若手の研究者に対し、発明・発見の基本を伝授する「発明道場」を、2009年にスタートさせました。

発明・発見の基本を伝授するとは、特許出願の書き方を教えることではありません。もっと基本的な部分、根っ子の部分を取り扱います。

「そもそも何がしたくて研究者になったのか？」（WHO）
「発明・発見につながる偶発性《セレンディピティ》を呼びこむ発明観とは？　研究姿勢とは？」（HOW）
「イノベーションにつながる切り口とは？」（WHAT）

このWHO、HOW、WHATが、「発明道場」の3本柱です（図5－2）。

C社では、この3本柱を参加者の中で醸成するために、オーナーシップ・プログラムを活用しています。具体的なhow（スモールhow）、いわば技術論・方法論の習得については、6章で紹介する車座を活用し、補完的な位置づけとしています。

「あんたは、研究者なんか？　それとも作業者なんか？」

「上司の言うこと、そのまま聞いとったら、あんたの研究者人生、棒にふるぞ」

「眼の前のことだけ、やっててええんか？　充実した研究人生になるんか？」

「その研究スタイルのままで、本当にええんか？」

発明道場の初日の冒頭。シニア・フェロー（元常務、62歳）から、参加者一人ひとりに対し、厳しい問いかけがなされます。参加者が、研究者としての大先輩、シニア・フェローの前で、自らのやりたい研究テーマを発表した後、最初のフィードバックの洗礼です。ここで初めて、自分の研究

図5-2｜発明道場の基本コンセプト

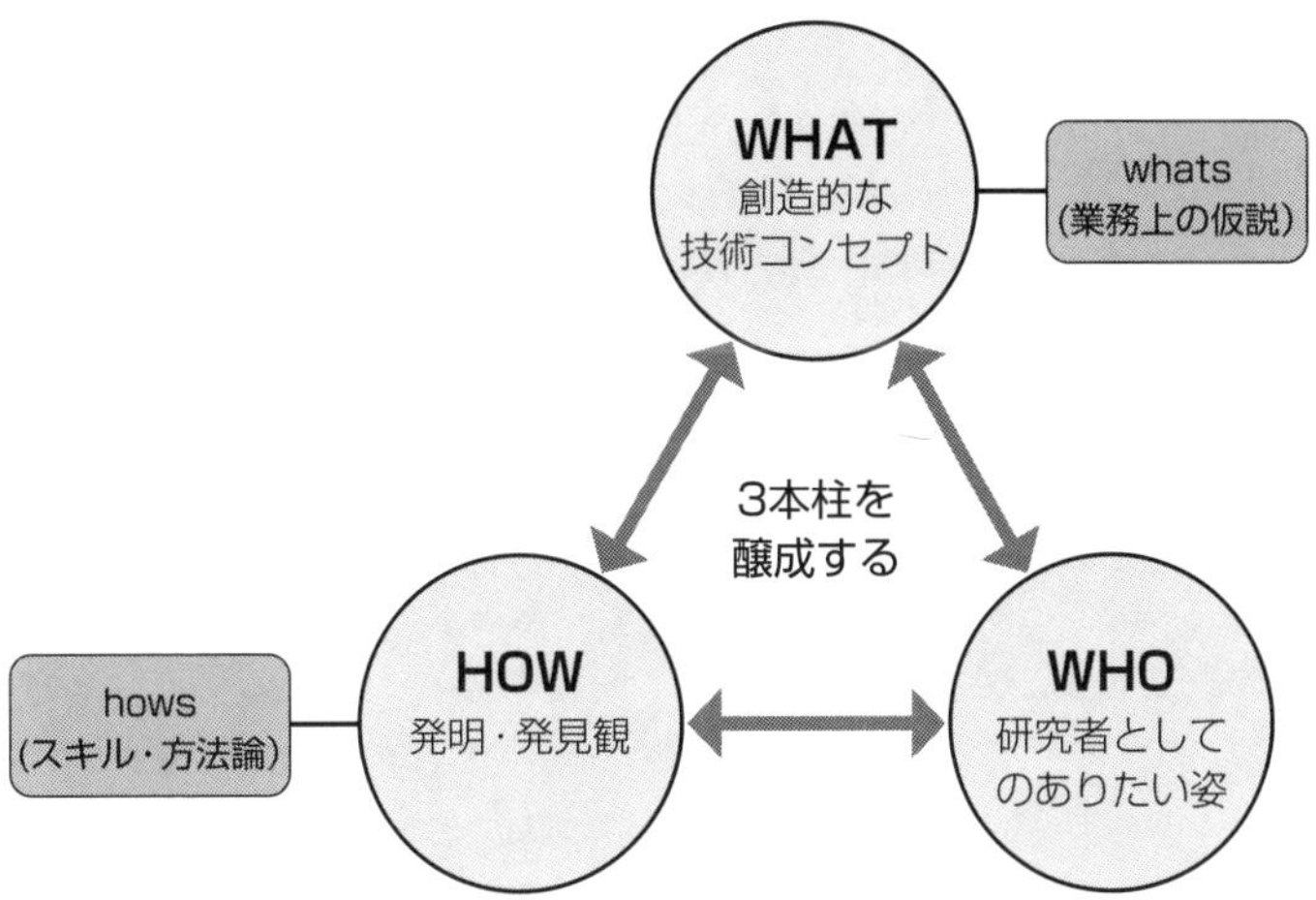

テーマをグローバル基準にさらし、自分の研究スタイルのレベル感を直視することになりました。

以前はこうしたスタートではありませんでした。総合電機メーカーB社のように、シニア・フェローが自らの研究開発人生を語りなおすことをしていたのです。

しかし、それでは不十分でした。「フェローの話はとても共感しました。自分も同じようにやっていると思います」。これが初年度の反応でした。確かに方向感は同じかもしれないのですが、明らかにレベル感や深さでの格差があるのに、それに気づけない。対話の中味も、どちらかと言えば、フェローたちの言葉をつなぎあわせたストーリーになりがちでした。自分の体験に裏打ちされた言葉がなかなか出てこない。

そこで、初めて、自らの研究観、自分の追いかけたい研究テーマを自らの言葉でまず語らせてみる。そして、本気のフィードバックをする。そんな取り組みが始まりました。

「まず己を語ってみよ」
「なんとなくだけ生きていると、自分の壁が分からへん。単に夢があるだけや」
「お前は何者なんや。何を目指して生きとるんや」
「世界を見よ、最先端を見よ、社内のレベル感で満足しとるな!」

他の2人のシニア・フェローも加わり、合計3人のシニア・フェローから、ガチンコ系のフィードバックを真正面に受けて、戸惑う参加者、反発する参加者、全否定されたと思い込んで、落ち込む参加者。しかし、結果的に、そこが「本音の対話」の入り口になりました。自分が受けた衝撃を語り、聴いてもらう、他の参加者の体験も聴くことで、言われた内容が少しずつ腑に落ちてきます。「言われてしまった……」という感覚が、徐々に「言ってもらえた！」という感覚に変わってくる。そして、自分の足りなさ、至らなさを素直に認められると、楽になり、新たな発想も広がりやすくなります。そこにたどり着けると、次の問いを自然に考え始めます。「そもそも、自分はなんで研究者になろうと思ったのだろう？」。深い内省の扉が開いたのです。

「自分自身の本当のレベル感を知るのは難しい。ただ知っても、できていないことを素直に認めるのは、もっと難しい」

（開発研究者、32歳）

「分かってるつもりだった。やっている、できているつもりだった。でも、事業を創ってきた人たちは、そんなもんじゃなかった。僕も、一発、世の中を驚かせるような研究をやってみたい」

（基礎研究者、29歳）

発明は、自分の想いこそが出発点。方法論から入ってしまうと、いつの間にか、主従が逆転してしまうものです。そこで「発明道場」では、まずWHOを語ってもらうことから始めています。人前で自分のことを語ると、本当のことが分かる。ばれてしまう。

研究者には、「研究者の3P」があるそうです。「情熱」(Passion)、「誇り」(Pride)、「忍耐力」(Patience)の3つです。しかし、これは勉強して身につけられるものではありません。教えられるものでもない。本人が自ら感じ取るものです。盗み取るものといってもいい。「発明道場」では、まず研究者としての基本姿勢を伝授するために、あえて期待しているレベル感、深さを提示することで、いったん現状の自分を否定させ、そこから再構築する。そういうプロセスを取っているのです。

「発明道場」でのやりとりを見ていると、「本気が本気を呼び覚ます」という、当たり前の真実を目の当たりにします。本気で関わることで、人は育つのです。60歳前後のシニア・フェロー3人が、一日かけて十数人の若手に本気で関わるのは、体力と気力をかなり消耗します。あるとき、フェローのおひとりが、こう言われました。

「本来、こういう関わりは、職場の上司がやっていたもの。当たり前だったことが、今は行われなくなってしまっている。若手の努力不足を指摘するだけでなく、これは経営

のテーマそのものです」

（シニア・フェロー、59歳）

職場における「関係性の希薄化」は、どこの会社でも起きている現象です。ここ十年で、仕事の内容の専門性の高度化と仕事の効率化のために、業務の細分化が極端に進みました。その結果、上司も一プレーヤーとなり、部下に関わる時間が十分に持てない。一方、部下も課題を与えられることに、いつの間にか慣れてしまっている。全体像を知ることなく、パーツの処理に追われている。こうしたコミュニケーションの悪循環の中で、あたりまえに継承されていた「研究者としての基本姿勢」「研究・発明観」というものが、次世代に伝わりにくくなっている、それが組織力の低下につながっていることを実感します。

「最近、目標を与えられることに慣れてしまっていました。むしろ、ゴールがないと走れない。価値がないと、意味が見いだせないと、動けない。自分で意味を作り出していいことを再確認した」

（開発研究者、34歳）

わたしたちは問題を与えられることにあまりにも慣れすぎていて、自ら問題を設定することが不得意です。問題が与えられれば、効率よく分解し、いくつかのイッシューに展開することはできる。しかし、与えられた問題を論理的に分解する技術をいくら練習して身につけても、問題を自らの課題に引き寄せることができなければ、それは原因が特定できても、実行できない問題のままなのです。

経営の第一線を退いた世代が、培ってきた暗黙知を言語化し、意識的に若い世代に伝えていく。暗黙知を継承するには、物語（ストーリー）の形式は、絶大な威力を発揮します。暗黙知をマニュアルのような形式知に変換することなく、暗黙知のままで、伝えることができるからです。「発明道場」の試みは、組織風土を活性化するヒントを示唆しています。

いかがでしたでしょうか。自分で自分のことを「一人称」で語りなおす。分かっているつもりのことでも、あえて「わたし」を主語にして自分の気持ちを中心に語ってみると、他者に語ることで、自分自身を相対的に見ることができるようになります。その結果、意外なところに解決の糸口が見つかる場合がよくあります。この章では、自分を立てなおし、解決の一歩を見出すために、わたしが取り組んできた集団セッションの様子をご紹介しました。

わたしのプログラムでは、「語り」を誘発する、ちょっとした工夫とデザインがされています。ご紹介した事例では、語りのキッカケが与えられ、社内で同じ立場や役割の人間同士が集まることで、「組織の中の自分」をかなり語りやすくなるのです。また、ときには、期待されるレベル感をきっちり明示してもらうことで、日頃、自分を守っている常識の壁が崩れ、新たな語りが生まれることもあります。

効率的に定型のプログラムを回されても、参加者としては、当たり前の語りしか生み出せないでしょう。ゆるやかな安心感や、切磋琢磨できる信頼感の中で、自分でも忘れていた出来事をふっと想い出し、生まれてくる想定外の語りが、別の語りを引き出す。語りとは、お互いの関係性の中で、毎回、新たに紡がれるものです。ジャズのライブセッションのようなもの。ちょっとした工夫とデザインが、場の空気感を変え、参加者をゆさぶり、語りの質を深化させるのです。

組織開発支援としての問題ほぐし

「問題をほぐす」というアプローチ（手法）は、組織の中で理不尽な問題に悶々と悩む個人が、「自分を立てなおす」という目的のためのものです。このアプローチを、同じ組織の中の、同じような立場・役割の人間を集めて、集団で対話セッションを実施すると（手段）、組織作りの観点からは、思わぬ副次的な効果があります。それは、同じ組織に属しているからこそ、誰もが潜在的に持っている共通点が明らかになる点です。

典型的な事例は、「俺たちはメーカーなんだよ。モノづくりをしたくて、この会社にいるんだよなぁ」（B社の事例、132ページ）に見られたような表現です。参加メンバー個人がそれぞれに大切にしたいもの（＝個人の価値観）を言語化していくと、共通点として表れる表現は、参加メンバー共通の、ベースとなるような価値観です。

それはときとして、より感覚的なもの、その組織独自の**共通感覚**とでも呼べるような形になる場合もあります。たとえば、C社の事例では、「研究者」という言葉が、社内では独特の響きを持っていました。「研究者」という当たり前の言葉が、「それでもお前は研究者か？」「研究者として、お前、このままでええんか？」という問いかけの中で使われるとき、その「研究者」という言葉の響きが、参加者の胸に突き刺さるのです。ある共通の体験を背景とするメンバーには、「研究者」という表現が、単なる記号ではなく、呪文のように、その心に働きかけるものがあるのでしょう。

かつての日本企業、短期利益よりも長期的な利益を追うことのできた日本企業には、組織の「共通感覚」が、さまざまな仕掛けを通じて、充満していたように思います。関係性が急速に希薄化する中で、ＯＪＴが機能しにくい時代、この共通感覚を伝承することが、極端に難しくなってきている。そんな感じがします。**「対話による問題ほぐし」は、理不尽な問題共有を通じて、**

悶々とした参加者の感情をろ過し、組織の「共通感覚」を活性化する。その絶好の機会とも言えるのです。

この章では、組織で働く個人が組織の不条理や不合理を抱えて、どうやっていくのか、それを2人1組による対話を基本とした集団で乗り切る事例として、「オーナーシップ・プログラム」をご紹介しました。当事者として、会社の問題を個人で扱う場合には、問題解決思考に過度に依存するのではなく、自分の問題意識を同じ立場の仲間に「一人称」で語ることで、問題の認識の仕方を再編集しようというものです。納得いかない現状をうまく自分の言葉で言語化する、つまり、自分の言葉で適切に「問題の再設定」ができると、会社の問題を自分の目的に転化できる。問題が目的に変わる。すると、個人の暗黙知や経験知が自然に発動し、自分を立てなおすための思わぬ突破口が見出せる場合があるのです。

（1）加藤雅則「第九章　組織経営におけるナラティヴ・アプローチ」野口裕二編『ナラティヴ・アプローチ』（勁草書房、２００９年）より、記載内容を一部加筆・改編

（2）加藤雅則「第九章　組織経営におけるナラティヴ・アプローチ」野口裕二編『ナラティヴ・アプローチ』（勁草書房、２００９年）より、記載内容を一部加筆・改編

6 車座で対話を進める

「智慧の車座」による対話の進め方

ここまで、理不尽な問題を解決するために、2人1組の対話を基本単位として、自分を立てなおすために「問題をほぐす」手法を紹介してきました。この章では、1対1ではなく1対N（複数人数）、5〜6人の小グループを基本単位にした対話のやり方をご紹介します。「智慧の車座」です。

組織の中で行われる対話は、できれば専門家を必要としない、当事者同士で、仲間同士で、気軽に実践できる方法が、個人的にはベストだと思っています。しかし、2人1組の対話ですと、どうしても相手との相性やコミュニケーション・スタイルの違いが、対話の質に影響してしまいます。もちろん20人程度の集団で実施し、その中で何度も対話の相手を変えていくことで、個人のコミュニケーション力（＝傾聴力＋質問力）にあまり依存しない形で展開することは可能です（5章の実践事例を参照）。

とはいっても、往々にして、組織における対話の質を上げるためには個人のコミュニケーション力を高める必要がある、という話になって、コーチングやファシリテーション等のコミュニケーション研修が行われるわけです。このように、ある手法が考案されると、すぐにその手法を使いこなす専門家を育成しようという傾向が生まれ、その手法が消費される。その結果、コミュニケーションが得意な人とそうでない人が生まれてしまう。そこで格差が生まれてしまうと、せっかくの気軽な実践がどうも人工的なものになってしまい、結果的に対話が長続きしない。そんな事例をたくさん経験してきました。できることなら、自分を立てなおすための「問題をほぐす」というアプローチは、専門家養成ビジネス・モデルとは少し距離を置いて、だれもが取り組める気軽でオープンな形にできないものか。そんな背景から、試行錯誤の末に生まれたのが、「智慧の車座」と呼んでいる対話の手法です。

「智慧の車座」とは、組織の中で同じ立場、同じ役割を担っている人同士が、チームで問題をほぐす対話を実践するための仕組みです。チームで〈本音〉レベルの話を共有し、そこから〈本心〉を汲み出し、現実世界の〈本気〉につなげる仕組みです。会社の中で、夜の飲み会の場でもないのに、いきなり論理モードから物語モードに変換することは難しいもの。そのために、ひとつの型として、自分を語る対話の仕組みを用意しました。公式な会社の場で、非公式な個人的な対話をする仕掛けです。5〜6人が車座になって座り、あたかもひとつのチームのように、お互いの問題をほぐし、智慧を出しあうのです。

具体的には、ひとりが相談者（テーマ・オーナー）、ひとりは司会進行役（ＭＣ）、他のメンバー4～5人が支援者、というメンバー構成です（図6－1）。このメンバー構成を基本単位として、「7つの対話のステップ」（図6－2）を行います。

それでは進行を説明しましょう。

まずは、①**「セットアップ」**です。司会進行役（MC）が全体の時間配分と「対話の作法」を確認します。日常の論理モードから語りモードに変換するには、「場の掟」のようなものがどうしても必要です（図6－3）。本音を語るには守秘義務が大切なのはもちろんですが、実は2番目の「正解はひとつではない」が、非常に重要な大前提です。どうも誰もが潜在的に「問題には正解がある」と思い込んでいるフシがあり

図6-1｜「智慧の車座」

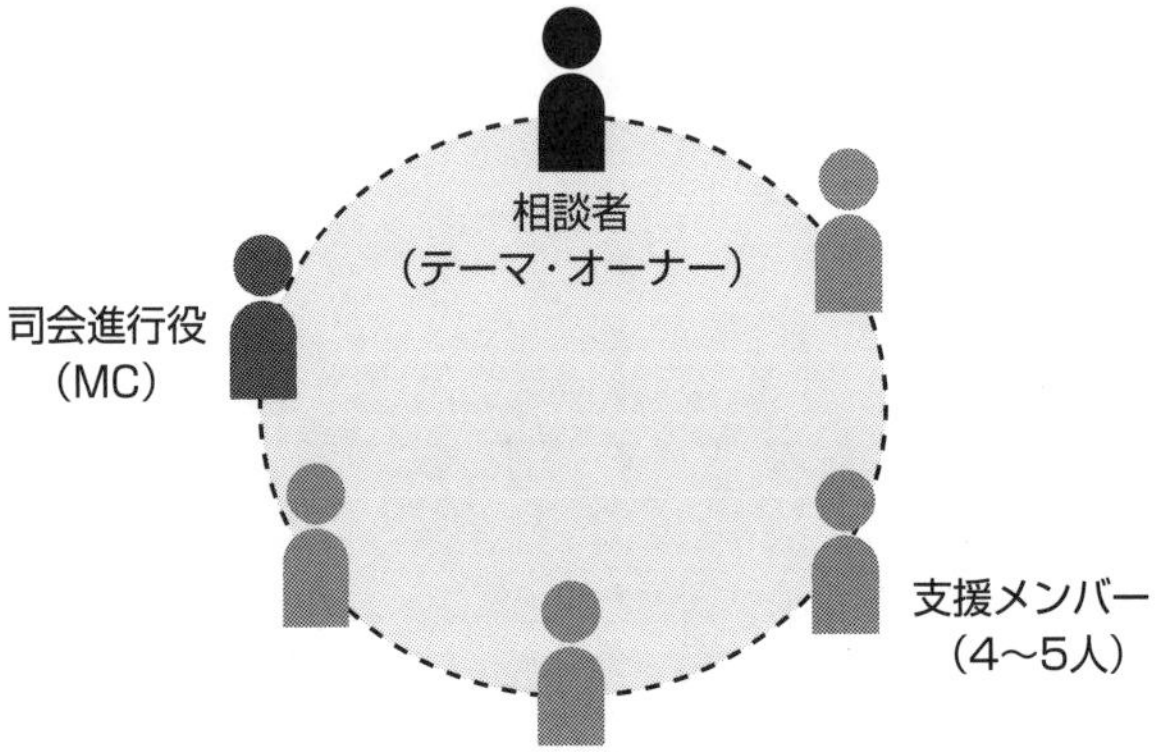

▶5～6名がひとつのチームとなって、メンバー1人の問題を他のメンバー全員でほぐしあい、問題解消に向けての智慧（＝経験知、暗黙知）を出しあう対話の仕組み。

図6-2｜「智慧の車座」7つの対話のステップ

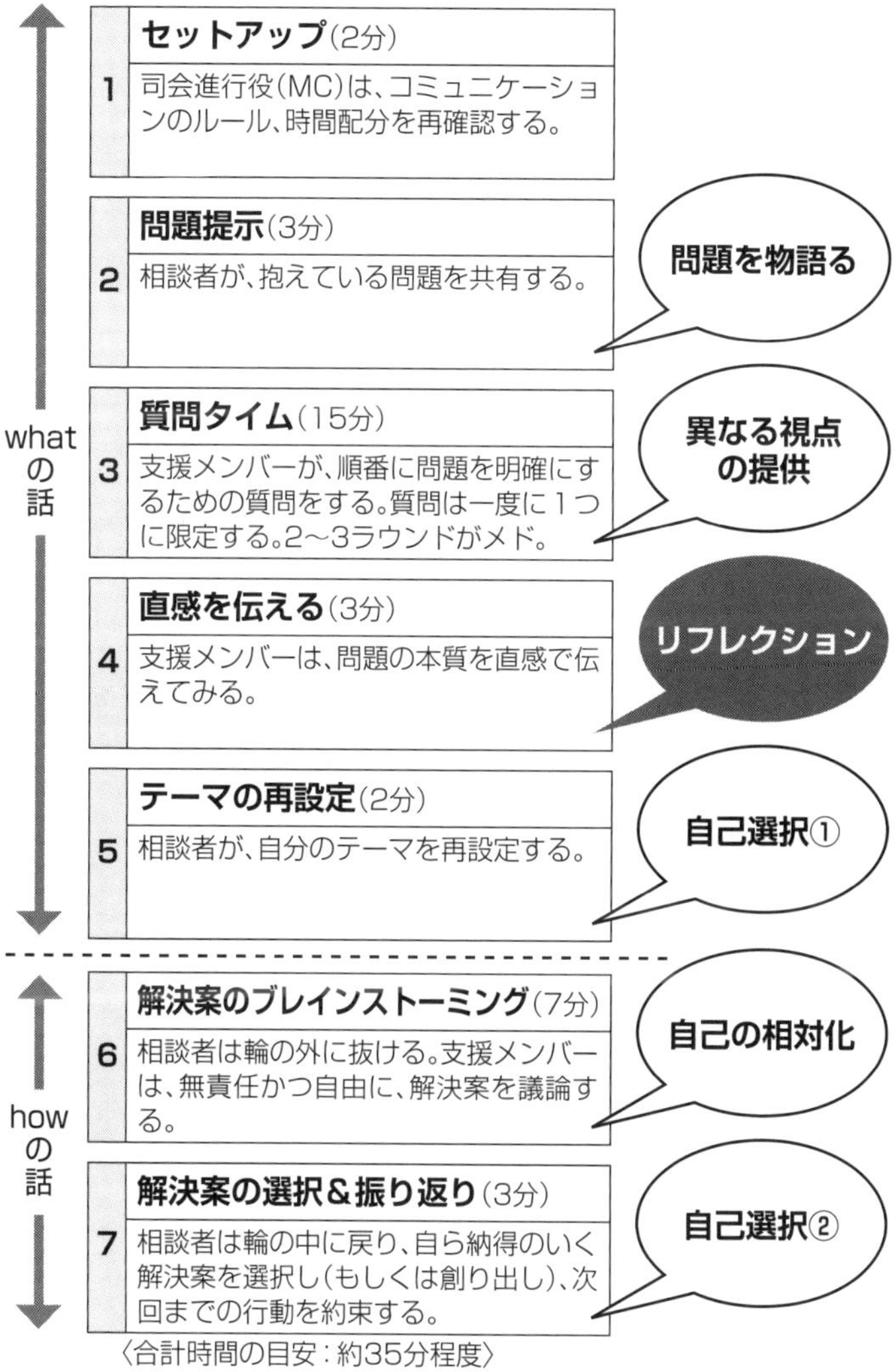
what の 話
how の 話
1 セットアップ(2分)
司会進行役(MC)は、コミュニケーションのルール、時間配分を再確認する。
2 問題提示(3分)
相談者が、抱えている問題を共有する。

問題を物語る
3 質問タイム(15分)
支援メンバーが、順番に問題を明確にするための質問をする。質問は一度に1つに限定する。2〜3ラウンドがメド。

異なる視点の提供
4 直感を伝える(3分)
支援メンバーは、問題の本質を直感で伝えてみる。

リフレクション
5 テーマの再設定(2分)
相談者が、自分のテーマを再設定する。

自己選択①
6 解決案のブレインストーミング(7分)
相談者は輪の外に抜ける。支援メンバーは、無責任かつ自由に、解決案を議論する。

自己の相対化
7 解決案の選択&振り返り(3分)
相談者は輪の中に戻り、自ら納得のいく解決案を選択し(もしくは創り出し)、次回までの行動を約束する。

自己選択②

〈合計時間の目安：約35分程度〉

ます。研究開発部門の研究者の人たちでもそうですから、驚きです。おそらく、わたしたちは長い日本の教育の中で、「問題は与えられるもの、そこには必ず正解があるもの」と刷り込まれているのかもしれません。ちなみに、「出題者の意図を読んで解答する」という行動様式も身につけているので、要注意です。

4番目の「無責任に発言する」も、意外とと後半のアイディア出しで効いてくるルールです。責任感が強いせいか、意外と「自分ができてもいないことは言えない……」とブレーキがかかるようです。しかし、無責任であることが、常識の壁を壊し、おもわぬ発想の転換を生みだすものです。

図6-3｜「場の掟」

1.守秘義務
（ここだけの話でお願します）

2.正解はひとつではない
（無数の可能性がある）

3.素朴な疑問を大切に
（素朴な質問が相手を救う）

4.無責任に発言する
（他者の発言に対して評価しない、自分の発言に対して無責任になる）

次がいよいよ相談者による②**「問題提示」**です。相談者が眼の前のメンバーに相談したいこと、聴いてもらいたいことを提示するのです。このメンバーに相談しても致し方ないことは相談しても意味ありません。できるだけ、具体的に、シーンやエピソードを交えて、自分を主語に、「一人称」で、自分の問題を語りなおすのです。

そして、③**「質問タイム」**です。相談者の問題を立体的に捉えるために、支援メンバーが順番に短い質問をしていきます。質問は一度にひとつ。3ラウンド程度、回します。1ラウンド目は、事実や状況確認の質問で構いませんが、2ラウンド目以降は、できるだけ「一人称の語り」が進むような質問、いわば「相談者の気持ちを聴く質問」が有効です。たとえば、「いま、話をしていて、どんな気持ちですか?」「一番、辛いことは何ですか?」などです。また、「この人は何が言いたくて、この問題を話しているのか?」という観点で、相談者の回答を聴いていると、シンプルで、相談者の心にヒットする質問が湧いてくるようです。

このとき、司会進行役(MC)も質問して構いません。ただできるだけ、司会進行役(MC)は他の人とかぶらない質問、ちょっと角度の違った質問をすると、相談者も煮詰まらず、語りが進みやすくなります。

質問がひと通り終わったら、いよいよ④**「直感を伝える」**です。相談者の問題の語り、質問への受け答えを聴いていて、この人の本当の悩みのツボはどこにあるのか、支援者は無責任かつシンプルに、「わたしには～と聴こえた」「わたしには～と見えた」と、自分の印象をテンポよく伝えるのです。専門的にはリフレクションといいます。それは行間ににじみ出ていることで、本人がまだ語っていないことかもしれません。そして、直感を伝えた後は、解説の必要はありません。本人が直感のインパクトを味わうのをただ待ちます。解説し始めると、相談者を説得するような空気感が生まれてしまうからです。

その上で、相談者は、あらためて、自分が相談したい⑤**「テーマの再設定」**をします。投げてもらった直感の中で、ピンと来たもの、ピンとは来なかったけれども、言われてみて思いついたこと、何でも結構です。よくあることですが、最初に提示した問題と再設定される問題は、かなり違うものです。相談する本人も、最初に語り始めるときには、問題の本質を把握していないものなのです。

相談したいテーマが再設定されたら、相談者はいったん車座を離れます。車座を離れて、表情が見えないように背中を見せ、背中越しで、支援メンバーによる⑥**「解決案のブレインストーミング」**を聴くのです。これがとても不思議な感じがして、経験した人たちは必ず面

「智慧の車座」の風景

メンバー構成は相談者１人、司会進行役１人、支援メンバー４～５人

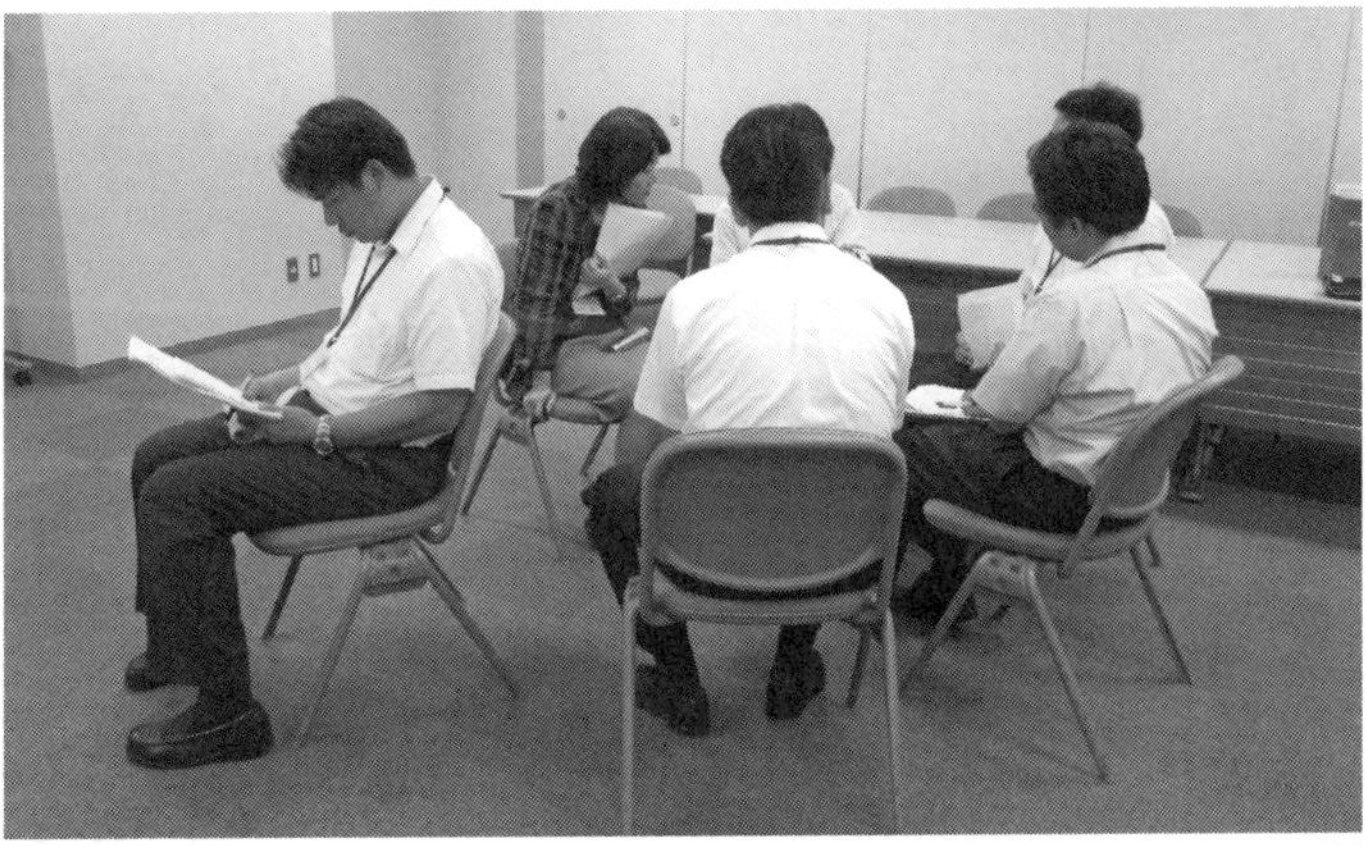

相談者は背中越しで支援メンバーによる「解決案のブレインストーミング」を聴く

白がります。

相談者が車座の外に出たら、今度は支援者だけで車座になり、ここから「賢者の話し合い」をします。支援者が問題に対して無責任になればなるほど、賢者のように、いい智慧が出てきます。各自のこれまでの経験からくる暗黙知が作動し始めるのでしょう。順番に関係なく、思いついた解決案を自由に出しあう。できそうになくても関係ありません。自分ができていなくても、関係ありません。その無責任さが、背中越しで話を聴いている相談者の発想を、予想以上に刺激するのです。

アイディアがほぼ出尽くしたら、相談者は車座に戻ります。思わず笑いがこぼれる瞬間です。相談者本人が、車座の外で客観的に聴いていた感想を述べて、具体的な解決案を選択します。もし妙案がなければ、自分で思いついた案を共有してもいいですし、ピンとこなければ、あらためて相談する問題を設定し直してもよいのです（⑦**「解決案の選択&振り返り」**）。

こうしたサイクルを順番に回していきます。最初は相談者1人につき40分程度、慣れてくると30分以内で回せるようになります。時間があるときは全員の相談テーマをやりますが、2〜3回やるのがベストでしょう。むしろ一度に全員がやるよりは、機会を分けて、定期的にやるほうが効果的なようです。長時間、人の話を聴き続けると、どうしても集中力が下がります。また、定期的に実施できると、お互いの解決案の進行状態を確認しあうことができます。さらに、実は他人のテーマに関わりながら、自分のテーマが解消されてしまう場合もよくあります。他のメンバーの悩みに自己投影するのでしょう。

ちなみに、経験的なものですが、大切なやりとりは、7つのステップの後に起こります。すべての流れが終了したときに、誰かが発する言葉がそのセッションの象徴的なキーワードであることが多いです。緊張と弛緩。ゆるんだときにこそ、面白い発想が降りてくるのです。

「智慧の車座」が生まれた背景

余談ですが、ここで「智慧の車座」が生まれた背景を、参考までにもう少し補足しておきます。わたしは、長年、プロのコーチをトレーニングすることにも従事してきましたが、人の話を傾聴し、質問をする、という行為は、できるようになるのに相当の時間がかかるものです。上司がスキルを使えば、部下は話してくれるというものではありません。スキルのベースにあるマインド（姿勢）が不可欠です。しかし、それが育つにはどうしても時間がかかるのです。短時間でコーチングをティーチングするのは、矛盾があるのです。スキルや手法を学べば人をコントロールすることができるような安易な文脈で、コーチングが日本に普及してしまったのはとても残念です。

そこで「なんとか会社の中で、それほどのトレーニングをしなくても、当事者同士で、コーチング的な対話ができないか？」と考えたのが、「智慧の車座」を開発した原点のひとつです。コーチがひとりで担っていた役割を何人かで分散すれば、プロがいなくても、コーチング的な対話（＝自分を語る対話）ができやすくなるのではないか、という発想です。

もうひとつの発想の原点に、ナラティヴ・アプローチの中でも代表的なセラピー手法である「リフレクティング・チーム」という家族療法の方法があります[1]。

それまでの家族療法は、専門家であるセラピストたちが、別室でマジック・ミラー越しに、患者である家族のやりとりを観察して診断するのが、一般的な治療方法でした。しかし、「リフレクティング・チーム」では、患者である家族が、専門家たちの議論がどのように家族を理解して、治療方針を議論するのかを観察するのです。面接室（患者家族のいる部屋）と観察室（セラピストたちがいる部屋）の関係を逆転させ、観察する側と観察される側を交代させたのです。また、セラピストたちは、面接室にいる家族たちを見て思ったこと、感じたことを述べる、つまり「リフレクトする＝映し出す」チームとなっている点が特徴です。

それを受けて、今度は家族がそれを踏まえた話し合いを始める。このようなリフレクションを交互に繰り返すことで、ある意味、2つのチームが対話していくのが、リフレクティング・チームの方法です。

　さらにこうした家族療法を専門家でない人たちが実践しているのが、「セルフ・ヘルプ・グループ（自助グループ）」です。セルフ・ヘルプ・グループとは、同じ病気や問題を抱えた人たちの自主的な集まりです。単に情報交換したり、励ましあったりするのではなく、「言いっぱなしの聞きっぱなし」のルールの下でミーティングします。意見を述べたり、議論するのではなく、お互いの話にじっと耳を傾ける。それによって、助言する側とされる側という役割を固定しない、専門家によって問題を定義しない、という工夫がされています。

「智慧の車座」の7つのステップ自体は、それほど独創的なものではありません。長い経験を積んだカウンセラーやコーチであれば、ほぼ同じような展開になるでしょう。会社の中の同じ立場、役割の人たちが集まることで、専門家を必要としないことが、最大のポイントです。そして、お互いが抱えている問題を「リフレクトすること＝映し出すこと」で問題をほぐしあうのです。また、相談者が車座の外に抜けることで、「相談する人ーされる人」の立場を逆転させます。相談者をみなで囲んで追い詰めてしまうのではなく、安心感のある空気感の中で、自分の問題を振り返る空間を提供します。会社の中で、気軽に仲間同士、「自分を語る対話」が自由にできる舞台設定となることを、心から願っています。

「智慧の車座」の5つの特徴

もう一度、「7つの対話のステップ」（151ページ）に戻り、「智慧の車座」の特徴を整理しておきましょう。5つあります。

①問題を語りなおす（まず本人が相談したい問題を提示する）
②異なる視点を提供する（さまざまな観点から質問する）
③支援メンバーが自分の印象を伝える（問題の〝リフレクション〟）
④本人が選択する（問題設定、解決案の自己選択）
⑤自己を相対化する（車座の外から客観視する）

いかがでしょうか。ご自身の会社の仲間と実践するイメージが湧いてくるでしょうか。理不尽な問題を取り扱う場合、どうしても深刻になったり、時間がかかったり、関わる側にも負担感があったりするものです。「7つのステップ」があることで、あまり深刻にならず、時間がかかることもなく、気軽に取り組んでいただけることを意図しています。

「智慧の車座」は、本人が相談したいことを、仲間の脳みそを借りて、無責任OKという「賢者の智慧」の中で、自ら選択し、解消していく流れです。解決行動を無理やり決めるのではなく、問題の共有感、チームとしての一体感、解放感、そして安心感の中で、自己選択できるのが、大きな特徴です。そこに専門家は必要ありません。

事例1　問題を分け持ってもらうと、何かが起こる

ここでひとつの実践例を共有します。他の事例同様、守秘義務の関係で、一部設定を脚色していますが、実際にあった話です。個人的にはお手上げの状態であった問題が、「智慧の車座」を通じて、どのようにほぐされていったかを感じ取ってもらえれば嬉しいです。

相談者は私立高校の特進コースの責任者A教員（女性48歳）。担任は別にいるが、責任者として授業料を滞納している高校2年生B君の問題を抱えている。

生徒は父親が事業に失敗してしまい、すでに1年生の授業料をすべて滞納している。何度も催促してきたが、期限の1学期末で支払われなかったので、夏休み明けには退学処分を下さざるを得ない状況にある。学校長、事務長もその方針に合意している。B君の両親は離婚しており、母親はいない。年下の兄弟が2人おり、彼が面倒を見ているらしい。最近は本人とも連絡がとれなくなっている。

このまま、事務的な手続きにのっとって、退学処分にしてしまっていいのだろうか？教育者として、それでいいのだろうか？　何か他にできることはないのだろうか？

これが相談者の最初に語った問題の語りの内容です。当日、「智慧の車座」に集まった他校の教員たちが質問を始めます。

「父親とは面談しているんですか？」
「B君はどう言っているんですか？」
「どうやって連絡をとっているのですか？」

「都の制度や育英会の奨学金は探してみましたか?」

第1ラウンドは、状況を確認する質問がどうしてもメインになります。

「A先生は、いま、どういう気持ちでいます?」
「会うことができたら、B君にどんなことを伝えたいですか?」
「ご自身のことを、どう思っています?」

第2・第3ラウンド目は、質問の質が変わってきます。問題ではなく、相談者に焦点が合い、相談者に共感する形で、相談者の気持ちを聴く質問が多くなります。そして、支援する他のメンバーから、直感で、問題がどう自分には聴こえたか、印象を伝えます。

「学校長や事務長と、ご自分の悩みを共有できていないことが本当の問題のように聴こえました」
「A先生が悩んでいるのは、事態は変えられないので、教員として、どうやって自分なりに決着をつけるのか、ということだと思います」

いくつか直感が伝えられましたが、そこでは問題はうまく置き換わりませんでした。

「2学期までに、何かわたしにできることはないでしょうか？」

悩みが本当に深いと、簡単にはテーマは置き換わらないのです。正直、その場に立ち会っていたわたしも、「これは重いテーマだなぁ。この時間ではほぐしきれないかもしれないなぁ」と思ったほどです。ご本人が最初と同じテーマを選択したので、その意向を尊重して、そのまま解決案のブレストに入りました。

「A先生は車座の外で、背中越しにこれからの議論を聴いていてくださいね。いちいち反応してくれなくても結構です。では賢者のみなさん、ここからはあえて無責任に、制約なく、自由に発想してください。どうぞ」

「お金の話となると、父親もB君も抵抗があるんでしょう。お金の話はしないから……と言って、学校以外、自宅以外の場所で、たとえば近くのファミレスで、話す機会を持ってみたらどうでしょう」

「B君の友達経由で、A先生が心配していること、話をしたがっていることを伝えてもらったらどうでしょう？」
「直接、手紙を書いて、家のポストに投函して、連絡を待ってみては？」
「無責任に言わせてもらうと、そもそも学校長がなってませんね、これは。コース責任者ひとりに押しつける話じゃありませんよ。わたしなら、学校長と談判するな」

他にもいろいろなアイディアが出ましたが、ひとしきりアイディアが出尽くして、A先生に車座の中に戻ってきてもらいました。驚きました。明らかに表情が違うのです。さきほどまでの苦痛にゆがんだ表情が、笑顔になっている。まるでマジックにかかったような瞬間でした。

「みなさんの話を背中越しに聴いていると、自分の中の気持ちが解けていくのを感じました。それはもうやったわ、というアイディアもあったけど、そうそう、そうなのよ、と思わず拍手したくなるコメントもありました。

そうしてハッと気付いたのは、わたしと担任の先生のチームワークがとれていないことに。B君のほうばかりに意識が向いていて、担任の気持ちを全然知らない自分に気づきました。すっかり抜けていました。以前も同じような滞納問題があったけど、そのときは自分が担任で、他の先生、本人の友達、それがチームのようになって、その子のことを応援する体制ができたんです。結果的には中退してしまったけど、最後に、その子と握手して別れたことを想い出しました。

今回はチームができていなかったんですね。まず担任と話してみます。ありがとうございました」

その場にいた全員があっけにとられ、しばし沈黙のあと、拍手が沸き起こりました。思いもかけない展開です。そしてひと段落すると、支援メンバーだったある教員が口を開きました。

「実はわたしも同じ問題を抱えていて、ドキドキしながら、話を聴いていました。幸いわたしは担任なので、いろいろなノウハウを仕入れることができました。ありがとうございます」

そうなんです。面白いことは、７つのステップが終わった後に起こるのです。ひとりの問題解消が、他の人の問題解消にも伝播する場合があるのです。

Ａ教員の事例は、とても大切なことをわたしたちに教えてくれます。同じ立場、同じ役割の者同士が集まって問題を共有すると、何かが起こる、ということです。たとえ事態は何も変わっていなくても。一歩踏み込んで言うならば、「ひとりで問題を抱え込まず、問題を分け持ってもらえると、車座の中から、思わぬ智慧が湧いてくる」ということです。お互いを支援するチームを作っているのです。まさしく「車座の智慧」です。

車座運営のポイント①

ここで実際に「智慧の車座」を実践する際の運営のポイントを整理しておきましょう。

①前半（第５ステップ）までは、本人の問題意識（ＷＨＡＴ）に焦点を合わせる。

（すぐに解決策に走らない。解決策は第６ステップからの後半でカバーする）

②相談者のモードになって、質問する。

（問題に集中しすぎず、相談者にフォーカスする）

③ひとりのメンバーが極端に場を支配しない。

（チーム内の質問のリズム感が大切）

④できるだけ、異なる質問をする。

（同じ系統の質問を続けて、ひとつの方向に流れない）

⑤再設定したテーマは、なるべく「わたしのテーマ化」する。

（会社の問題のままでは、手が出せない）

⑥お互いが自由に、無責任にアイディアを出す。

（自分ができているかどうかは別にして）

これまでも述べてきたことと重なるので、①と⑤についてのみ、補足します。

まず①「前半は本人の問題意識に焦点を合わせる」です。意外とここが難しいようです。どうしても、途中からすぐに解決策を話したくなる人がいるようです。「～したらいいと思いますが、どうですか？」。もしくは自分のある解決策を前提とした質問です。「これは、Aなんですか、Bなんですか？　BならCになると思いますけど、どうですか？」。問題が提示されると、すぐ自分ならこうするという回路が高速回転で動き出してしまう、問題解決症候群です。

解決策（HOW）はあとでカバーするので、まずは本人が何を問題と思っているのか（W

HAT）、さらには何が話したくてこの問題を話しているのか、**そこには相談者のどんな一面があるのか（WHO）、問題の背景に焦点を合わせるのがコツです。**同じ立場同士、共感が持てるメンバー同士であれば、慣れれば自然にできるようになります。

次に⑤の「再設定したテーマは、なるべく「わたしのテーマ化」する」ですが、ここがひとつのヤマ場です。質問タイムの第2ラウンド目以降の質問が、事柄や状況ばかりに焦点を合わせず、相談者の気持ちも丁寧に聴くことができていれば、最初の問題提示を入り口とした「自分のテーマ」が出てきます。自分の認識の歪みに気づいて、自分の手が届く問題と手が届かない問題に、ここで腑分けされるのです。いわゆる「本当の問題」です。

いくら日本経済の問題を嘆いていても、いい解決策は出てきません。**〈本音〉と〈本心〉の葛藤、揺らぎの中から、メンバーの力を借りて、掘り出された〈本心〉。その〈本心〉の具現化を妨げているものこそが、その人にとっての「本当の問題」です。**たまに事例のように、問題がかなり深刻である場合には、うまくテーマが再設定されない場合もありますが、メンバー全体で相談者の問題を分け持つことができれば、何かが起きる可能性があります。「智慧の車座」の力を信じてみてください。

読者のみなさんには、ぜひ、ご自分の会社で試していただけたらと思います。「智慧の車座」を活用して自分を語り、理不尽な問題をほぐすことで、自分を立てなおす実感をつかんでいただけたらと願っています。転載自由、改変無制限ですので、どうぞご自分の会社の風土に合った形に、カスタマイズしてもらえれば嬉しいです。

事例2　無責任な発言で自分の常識の壁を壊してもらう

ここでは、会社として「智慧の車座」を継続的に実践している事例をご紹介します。5章にも登場したC社は、研究開発型の化学メーカーです。研究開発部門のトップは、「自社の研究開発力は根枯れを起こしているのではないか?」という危機感を持って、2009年に、若手の研究者に対し、発明・発見の基本を伝授する「発明道場」をスタートさせました。発明・発見の基本とは、特許出願の書き方を教える講座ではありません。発明道場は35歳までの若手研究者を対象に、約8カ月にわたって開催されます。

まず冒頭、最初の3カ月間は、5章でご紹介したプログラム（オーナーシップ・プログラム）を使って、自分はどんな研究者でありたいのか（WHO）、どういう発明・発見観を先輩研究者から感じ取ったか（HOW）を、自分の言葉で言語化します。WHOとHOWを固めた後で、いよいよ自分の研究テーマ（ＷＨＡＴ）を探究していきます。それは研究者人生の中で、自らの北極星を見つけるような作業です。そんなに簡単には見つかりません。現場で実際に手足を動かし、自ら実験したり、社内外の人間に自ら会いに行く。そんな試行錯誤が、後半の約５カ月間、続きます。その試行錯誤は受講生ひとりで行うのではなく、この「智慧の車座」を使って行うのです。支援メンバーの関わりによって、相談者の意識の壁が壊れていきます。

比較的専門領域の近い4〜5人の若手メンバーがひとつのチームになって、お互いの研究テーマを採んでいきます。発明道場の最終目標は、特許になる発明・発見の種（シーズ）を見つけることにあります。そこで、各チームには、40歳前後のトレーナーと呼ばれる先輩研究者を、1人配置しています。問題をほぐすことで、テーマの切り口を変えたり、発想の転換を図るだけでなく、具体的な課題解決案を探る際に、専門的な方法論（ｈｏｗｓ、スモールハウ）の助言や社内リソースへのつなぎをしてもらうためです。

約1カ月に1回、定期的に「智慧の車座」を開催して互いの進捗状況を把握し、刺激

しあいます。研究が行き詰まるとき、それは自分の常識の壁にぶちあたっているときです。その壁を他のメンバーからの異なる視点からの質問で、まず壊してもらうのです。

一般的に理系の研究者は、対人関係のコミュニケーションが不得意で、自分の内面をさらす経験をあまりしていない、感情を表現することに慣れていない人が多いようです。ひとりで悶々と研究テーマを抱えてしまう人もいます。特に「失敗したくない」という意識が壁になっていることが多い印象があります。そうしたメンバーの悶々とした気持ちをほぐし、当初の問題がほぐれてくると、実は本人が何をしたくて悩んでいるか、周囲には見えてきます。やりたいことがあるからこそ、葛藤し、悩んでいるわけですから。

「丸山さんは、自分には○○ができないと悩んでいるようだけど、本当は△△がしたい、と言っているように聞こえるけどな。俺には……」

メンバーの同じような若手研究者から、直感という形で投げかけてもらうと、ドキッとして、思わず素直になるのです。自分の常識の壁が崩れる瞬間です。そして、そもそも研究の原点、つまり自分の〈本音〉、〈本心〉が初めて前に出てくるのです。自分の中から湧きおこる欲求なくして、独創的な研究など、できるわけがありません。

「みんなからいろいろ言ってもらって、あらためて、□□の研究がしたいことに気がつきました。もう少しで妥協してしまうところだった。やっぱり□□にこだわって追っかけてみたいのだけれども、どういうアプローチがあるのか、ちょっとみなさんのアイディアを教えてほしい」

自分で相談するテーマを再設定したら、次は他のメンバーの智慧を借りる段階です。ここから、支援メンバーは無責任に、アイディアを出す。自分のことだと、つい行き詰まってしまいがちですが、他人事で、無責任に、勝手な思いつきを言ってよい、となると、発想が広がり、ピンからキリまで、さまざまなアイディアが出てきます。それを本人は車座の外で、背中越しで聴いている。この微妙な距離感が、客観的に、自分のテーマを俯瞰する、さまざまな攻め口を発想するキッカケとなるのです。

「みんな、無茶苦茶、無責任やなぁ～（笑）。そんな中にも、ひとつピンと来るものがあった。やっぱり□□やね。背中を押してもらった感じがするわ。一度試したことがあるんだけど、もう1回、条件を変えて、やってみるわ。やっぱり、臭いがするところは追っかけんといかんのですねぇ」

また、同じメンバーで何回も続けていると、どうしてもマンネリや、分かったつもりになってしまうことがあります。その結果、相談者の問題のストーリー、認識のパターンに、いつのまにか他のメンバーも呑みこまれてしまうのです。すると、常識の壁が崩れにくくなってしまいます。そこで、発明道場では、ときには他のチームとメンバーをシャッフルしたりして、マンネリに陥らない工夫がされています。

個人的な気づきを、気づきのままに終わらせるのではなく、具体的な行動（アクション）に結びつける。〈本気〉を持続させる。若手研究者を切磋琢磨する仕組みとして、「智慧の車座」は機能しているのです。

車座運営のポイント②

みなさんに「智慧の車座」を実践していただくために、さらにもう少し実践的なコツやポイントをご紹介しておきましょう。特に、関わる支援メンバーの立場から解説してみます。

支援メンバーが車座を実践する際の一番のコツは、以下のものです。

「相談者の物語に巻き込まれない。やられない」

つい一生懸命、親身になって、相談者の話を聞いていると、いつのまにか、相手の物語（ストーリー）に巻き込まれてしまいます。「なるほどなぁ、確かにそうだなぁ」「どうしたらいいだろう、俺もお手上げだなぁ」。こんなふうに思ったときには、相談者の物語に巻き込まれてしまっています。4章で、傾聴の基本として、「相手の土俵で話を聴く」「相手の話したいことを聴く」というポイントを提案しました。「相手の土俵で話を聴く」「相手の話したいことを聴く」とは、完全に自分を相手に明け渡して、共感するということではありません。相談者の話を聴くとき、支援メンバーは次のことを意識するとよいでしょう（図6－4）。

○「いつもは、解決策を探している。車座では、相手の思考構造を聴いている」
○「いつもは、自分の枠組みをもとに聞く。車座では、相手の枠組みを使って聴く」
○「いつもは、相手の情報収集をするために聞く。車座では、相手の話の志向性を聴いている」

3つのうちのどれかは、ピンと来たでしょうか？

つまり、あまり相談者の話の内容を聴きすぎない、ということです。相談者の話を理解しようと聴きすぎると、いつもの問題解決思考の回路がスタートしてしまいます。それはすでに、相手の問題に巻き込まれてしまっているのです。相手の問題に巻き込まれないためには、内容よりも、相手の問題の捉え方、問題の理解の仕方、問題の裏側に潜んでいる願望（＝〈本心〉）等に、着目する。そうすれば、表面的ではない、ひとつ深いレベルで、相手の語る問題のストーリーを聴くことが可能になります。

図6-4｜支援メンバーの心得

いつもは…	車座では…
●解決策を探しながら聞いている	●相手の思考構造を聴いている
●自分の枠組みをもとに聞く	●相手の枠組みを使って聴く
●相手の情報を収集するために聞いている	●相手の志向性を聴いている
内容を聞いている（分析的理解）	特徴を聴いている（共感的理解）

「本音の対話」を実践できるか

あるとき、「智慧の車座」を観察していた、ある戦略系コンサルタントがこう言いました。

「あそこのグループで出た解決策って、どうなんですかね？　ちょっとショボイ感じがしますけどねぇ」

確かに、外部の専門的な視点から見れば、それはショウモナイ策かもしれません。それでも、参加者が嬉しそうに帰っていくのはなぜしょうか？　そこに大切なメッセージが秘められているように思うのです。まず、現場の、現状の、レベル感を否定することなく、いまある、そこからスタートして、大きく展開していきたいものです。ある車座の経験者はこう言っていました。

「背中越しに、みんなが自分のためにアイディア出しをしてくれているのを聴いている

と、ちょっと勇気が湧いてきました。自分の背後で、たくさんの守護霊が働いてくれているような、不思議な感覚でした」

（私立中高一貫校、女性教師・特別進学コース長、48歳）

「無責任に！って、マジック・ワードですね。無責任に！と言われると、安心して、自由に発想できるっていうのかなぁ。アイディアが自然に湧いてきますねぇ。日頃、いかに自分で自分の発想を止めているっていうか、発想の元栓を閉めていることを再認識しました」

（公益企業、人事担当マネージャー、42歳）

一時的に同じような立場や役割の仲間に、「問題を分け持ってもらう」、たったそれだけのことで、本人の中に安心感が生まれ、眠っていた本心が呼び覚まされる。そして、経験知や暗黙知が活性化される。そして、問題にやられそうになっていた自分を立てなおすことができるのです。

「智慧の車座」は、会社の中で、「自分を語る対話」を可能とします。いわゆる「本音の対話」の実践が可能となり、本心の発露を支援する仕組みとなるのです。それは、原則、専門家を必要としない仕組みです。わたし自身、専門家を養成する意思はありません。目指しているのは、会社の中の「セルフ・ヘルプ・グループ（自助グループ）」の形成です。

この仕組みが機能するか否かは、同じ会社の中で、同じような悩みや迷いを持っているメンバーを集められるかどうかです。それができれば、こんな簡単な仕組みで、自然発生的に「本音の対話」を実施することが可能となります。同じ会社の中で、同じような立場であれば、ある程度自然に、誰もが共通に持っているモヤモヤ感を言語化し、解消することができるからです。

もちろん社外の同じような立場の人同士で、実践することも可能です。実際にその

図6-5｜組織で働く納得感

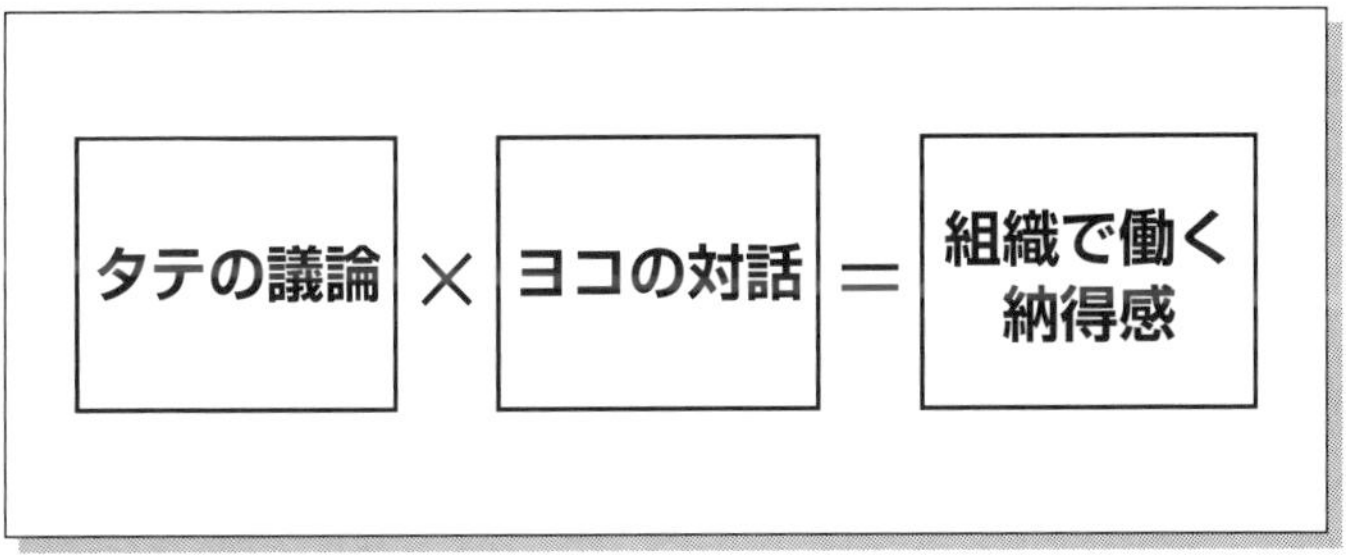

いま、組織に必要なのは、タテのパス（指示・命令）なのか、ヨコのパス（対話）なのか？

ような取り組みを始めているコミュニティがいくつかあります。

会社はピラミッド組織ですから、上位下達の指示命令型のコミュニケーションは不可欠です。そこではどうしても効率のいい問題解決思考が必要です。しかし、ときには、自動車のハンドルの遊びのように、ヨコのコミュニケーションも必要です。無理に結論を出さなくてもいい対話。問題をとりあえず共有できれば、何かが起こる対話。それは原因追求型ではなく、問題をほぐしてくれる、「本音の対話」です。

タテの議論とヨコの対話

この両方があって初めて、お互いに自分を立てなおす支援ができるようになり、組織の中で働く納得感が生まれてくるのです（図6－5）。

（1）ナラティヴ・アプローチにおけるリフレクティング・チームについては、野口裕二先生の著作を参考ください。野口裕二『物語としてのケア ── ナラティヴ・アプローチの世界へ』（医学書院、2003年）など。

7 仲間の智慧を借りる——車座の実践

この章では、みなさんの組織で、「智慧の車座」を実践していただくために、さらに具体的な実践事例をご紹介します。理不尽な問題に対しては、いろいろなアクセスの仕方がある。自分を立てなおすためには、問題解決思考や論理思考とは別の思考回路もあることを、実感していただければと思います。

事例1　相談者のモヤモヤ感を言語化する

まず次の事例では、車座によって相談者だけでなく関わるメンバーのモヤモヤ感も言語化されていくプロセスを見てみましょう。

F社は、数年前にD社とE社が合併して生まれた、大手製薬会社です。そこで働くMさん（37歳）は、製造プロセスの専門家で、D社の出身です。

実質的にD社がE社を吸収した形になっているのですが、製造プロセス研究ではE社が先進的な取り組みを進めていた経緯があり、E社が主導権を取る形で研究が進んでいます。その結果、D社出身の研究者がやや少数の配置になっているのですが、合併の経緯もあり、D社の出身者はフラストレーションを感じていました。

寡黙な研究者が多い中で、弁の立つMさんは、まわりからも一目置かれた存在ですが、Mさんの発言はやや過激なので、まわりに少なからず影響を与えています。D社出身者とE社出身者が同数で行われた車座で、今回はそのMさんが相談者となりました。


「今回、センター長に、中堅若手から、研究所改革の意見を求められていますけど、みんな、どこまで本気でやるつもりなんですかね。これって、体《てい》のいい、ガス抜きだと思うんですけど。僕は前の部署でも結構、言いたいことを言ってたんですけど、どうも左遷されたらしい。自分では左遷と思ってなかったのだけれど、この前、前の部署の若い奴がわざわざ心配して見に来ました。今回も同じことになってはまずいから、どこまで本気で言うか、ちょっと迷ってます。これをとりあえず、テーマとしておくかな」


ちょっと挑戦的な態度で、Mさんの相談は始まりました。日頃、あまり付き合いがなく、おとなしい支援メンバーは、少しびっくりした様子です。

「Mさんは、とりあえず、どんなこと言いたいと思っているんですか？」

「前の部署では、どんなこと、言ってきたんですか？」

「Mさんは、D社では、どんなキャリアだったのですか？」

第1ラウンドでは、周辺情報に関する質問が主になりました。支援メンバーは少しおっかなびっくりで質問し、Mさんは余裕でそれに答えています。第2ラウンドに入る前に、わたしのほうから支援メンバーに簡単なアドバイスをしました。「第2ランドでは、事実関係を押さえる質問ではなく、少しMさんの気持ちを聴く質問をするように。Mさんの内側に、パスを出してみてください」。第2ラウンドに入ります。

「Mさんが、いま、一番、悩んでいることは何ですか？」
「Mさんにとって、理想の研究所って、どんな研究所なんですか？」
「振り返ってみると、前の部署で失敗したことは何ですか？」
「前の部署で、Mさんがやりきれなかったことは何ですか？」

第1ラウンドでは余裕だったMさんも、第2ラウンドでは、少し考えながら、話すようになってきました。Mさんは、「なんだか、ちょっとヤバいなぁ」と照れ隠し気味になりながら、第3ラウンドに入ります。支援メンバーも、質問のコツをつかんだようです。

「Mさん、センター長の呼びかけで、一番、カチンと来ていることは何ですか？」

「Mさん、いま、何があれば、思い切って本当のことが言えますか？　実は、なんか心配していること、怖れていることはありますか？」

「Mさんは、僕らE社出身者のことをどう思っていますか？」

Mさんからは余裕の表情は消えて、少し汗をかき、顔は赤みがかってきました。第3ラウンドが終了しました。次は、いよいよ支援メンバーが問題の核心を直感で伝える場面です。

「Mさんは、モノづくりはひとりではできないと言ってはいるけど、実はひとりで何とかしようと頑張っているように思います」

「Mさんは、センター長のことを信じたいけど、信じられない、と迷っているように思います」

「Mさんは、一緒に声を出して、行動してくれる仲間を探しているように思います」

「Mは昔からそうだけど、あえて誤解されるような行動をとるところがある。それで、まわりを試しているようなところがあるんじゃないかな。今回の話も、ちょっと俺たちが試されているような気もするな、個人的には」

最初は、ちょっとふざけた調子で聞いていたMさんも、同じD社出身のメンバーからのひと言を聞いて、少し神妙な様子になりました。

「ありがとうございます。僕は本当に多面体で、自分でも、ときにどれが本当の自分の顔なのか分からなくなるときがある。これは本当、マジの話です。なんか自分の本当に伝えたいことをまっすぐに伝えられないところがある。

今回、センター長の呼びかけに、自分なりのアイディアを持ってます。D社のやり方でもなく、E社のやりかたでもない、新しいF社のやり方を創り出したい。俺がたたき台を出すから、中堅層が中心になって、みんなに叩いてほしいと思ってる。

でも、俺が言うと、かえって通らない気がする。俺は敵が多いから……。どうやって打ち出したらいいか、みんなのアイディアを聴かせてほしい」

それまでのMさんとは、まったく違ったMさんがそこにいる感じがしました。とても誠実なMさんです。Mさんには車座の外に出てもらい、ここからは、支援メンバーだけで、無責任に、自由に、解決策を議論します。

「そんなに心配なら、まずは、この研修を活用してさぁ、非公式なものを何人かの意見ということで、センター長にぶつけてみたらどうだ。加藤さんにヤレッて言われました、とか言っちゃって」

「俺さ、一昨日、偶然、センター長も出席する会議に同席する機会があったんだけど。あの人、E社出身だけど、モノ分かりよさそうだったぞ。確かに専門は違うけど、本質的なところ、押さえている感じがする。就任して6カ月、だいたいの全体像はつかんだようで、本気で何かやるかもしれんぞ。実は俺は少し期待してるんだ」

「Mさんは声がデカイから、みんな、ビビっちゃうんだよねぇ。でも、今回、初めてじっくり話を聞いてみて、真意が分かったような気がする。E社出身者も、自分たちのやり方だけでは、少し限界があることには気づいているよ。見直しの機運は部長連中にもあるらしい。ただ自己否定になるから、なかなか言い出せないんじゃないか。タイミングとしては、中堅層から意見を出すのは、いいタイミングだと思うんだけど」

「俺たち、やっぱり〝疑心暗鬼〟だったんだよな。合併して、この4年間。場所が離れていることもあって、なかなか融合が進まなかった。物理的にも統合されて、ようやくスタートラインに立った気がしている。なんか俺の中にあったモヤモヤ感の正体が、分かったような気がするよ」

Mさんだけでなく、支援メンバーの気持ちも、ほぐれていくようでした。組織の中のモヤモヤ感が言語化されると、初めて、そこに対処ができるようになるのです。輪に戻ってきたMさんがこう言いました。

「よく分かった。一度、センター長と俺たちだけ、クローズドの場で、やろう。そこで賛同されたら、部長連中も交えてやろう。センター長と同じサイドに立って議論できれば、変えられるかもしれない。

俺、やっぱり部長連中の評価が怖いんだよな。俺もサラリーマンだもん。あんまり、ひとりでは突っ張れないよ。まず同じこの世代、そしてセンター長。段階を踏んで、コンセプトをブラッシュアップしていきたいと思う。ちょっと来週のどこかで、一度、俺の案を聞いてもらえるかなぁ？」

これまで、ひとりで尖《とん》がっていたMさんが、みんなから肩を叩かれながら、嬉しそうに、手帳を開いて、次回の約束を確認している姿が印象的でした。「Mさん、ひとりで頑張って、孤立化しなくてよかったなぁ」。思わず、十数年前のわたし自身の姿をMさんに重ね合わせて、Mさんに心からエールを送ってしまいました。

振り返ってみると、このセッションの最大のポイントは、相談者、支援メンバー共通のモヤモヤ感が言語化されたことでしょう。「疑心暗鬼」という、研究者内の空気感が言語化されたことで、みんなが同じ土俵に立ったのです。それぞれの組織特有のモヤモヤ感は、言語化されないと、対処することはできません。言語化されない限り、いつまでたっても、モヤモヤ感のままなのです。

モヤモヤ感を言語化する素材を提供してくれたのが、相談者Mさんの内面にある言葉です。Mさんが内面をリアルに語ってくれたからこそ、支援者の無意識下にあった共通の感情が、「疑心暗鬼」という言語として、浮上してきたのでしょう。支援メンバーは、事実関係だけでなく、相談の気持ちを聴く質問をすることが大切です。

事例2　受け容れがたい現実と向き合う

次の事例では、車座を通して、相談者が受け容れがたい現実に向き合うプロセスを見てみましょう。

Iさん（39歳）は、中堅部品メーカーの東アジアの営業開発担当マネージャーです。市場が急拡大する東アジア（除く中国）のマーケットを捕捉するために、新しい開発チームの責任者に抜擢され、昨年から高い目標を掲げて、取り組んできました。

しかし、来月末で、そのチームリーダーの役割を他のメンバーに譲り、中国市場の強化のために配置転換されることになりました。どうも、その背景には、Iさんの部下がうつになり、休職している事情があるようです。Iさんは、自分のマネジメント・スタイルに問題があったのではないか、その点について、支援メンバーの智慧を借りたいと話し始めました。

「僕自身は高い目標を与えられて、何とかその目標を達成しようと頑張ってきました。チームとしても、その目標を共有できていたと思っています。社内的にも、評価されていたと思います。

しかし、よりによって、個人的にも仲のよかった部下が、うつになってしまった。このことがショックです。何か、とっても罪悪感がある。僕のやり方に問題があるんじゃないか、と思ってしまいます。

人事ははっきり言わないのだけれども、今回の異動は、たぶん、この話があってのことだと思うんです。僕のマネジメント・スタイルに問題があるのか、ないのか、ここで一度スッキリしたい。それがないと、次の仕事は部下を持つわけではないのだけれど、何か集中できない気がするのです」

Iさんの眼から、思わず涙がこぼれ、部下のうつの原因を自分のマネジメント・スタイルに求めている様子でした。一方、支援メンバーたちは、コトの重大さに驚いて、少しビビっている様子がありましたので、支援メンバーにはわたしのほうから次のようなフォローをしました。

「Iさんの言うように、そうかもしれないし、そうでないかもしれない。原因を究明するのではなくて、Ｉさんがいま、この話をしているのには、何か訳がある。何かの力が働いて、いま、Ｉさんにこの話をさせていると考えてみてください。さて、どんなことを聞いてみたくなりますか？」

「部下の人は、なんて言ってるんですか？」
「他のメンバーは、どうですか？」
「上司は何もしてくれなかったの？」
「人事とは話しましたか？」

やはり第1ラウンドは、どうしても状況を確認するような質問が中心になります。やむをえないですね。内容をもっと知りたくなってしまうのです。しかし、あまり話の内容を詳しく聴きすぎると、だんだん問題解決モードになっていってしまいます。第2ラウンドは、もう少しＩさんに焦点を合わせて、Ｉさんがどのように考えているのか、その思考のストーリーに注目してもらうように助言しました。

「いま、一番つらいことはなんですか？」

「Ｉさんの罪悪感について、もう少し話してもらえますか？」
「次の新しい部署で、Ｉさんが不安に感じそうなことは何ですか？」

Ｉさんの内面にスポットライトが当たり始めます。Ｉさんも単純な回答はできなくなり、少し考えながら、ポツリポツリと、自分で自分の言葉の意味を確認しながら、話すようになってきました。

「いま、その部下の人に会ったら、どんなことを伝えたいですか？」
「もう一度やり直せるなら、どこを変えたいですか？」
「罪悪感っていう言葉がどうも気になるんだけど、もしね、もし自分が原因だとすると、何が原因だと思います？」

支援メンバーも、Ｉさんのストーリーに巻き込まれないで、Ｉさんがどういう流れで、部下のこと、自分のこと、今後のことを考えているか、そういう方面に質問を投げかけるようになってきました。第3ラウンドを経て、支援メンバーが、Ｉさんが本当のテーマを直感で投げかけるステップです。

「Ｉさんは、人事異動の真相がどうやったら分かるのか、それを知りたがっているのでは？」

「Ｉさんは、部下の復帰をどう支援したらよいのか、それを相談したいのでは？」

「Ｉさんは、将来、いつかまた部下を持ったときに、その部下をつぶしてしまうのではないか、という不安と闘っているのではないかなぁ」

「Ｉさんは、実は自分もうつになるのではないか、その不安と、どう向き合うのか、それを相談したいのかもしれない」


支援メンバーのみなさんも、真剣に自分が聴きとったＩさんの〝心の叫び〟を言葉にして伝えました。


「あぁ～、ありがとうございます。どれもあてはまるような気がします。確かに、そういうふうに考えている自分がいます。うん、うん、そうなんです。

それを言ってもらって、あらためて思うのは、僕が頑張れば頑張るほど、部下は「もうできない」って、言えなくなってしまっていたんじゃないでしょうか。僕は僕で必死にやってきたけど、それが結果的にメンバーに無理をさせてしまった。弟分と思ってたヤツも、きっと、「もうできない」って、必死になっている僕には言えなかったんでしょうね。それがよく分かったような気がします。

いま、ここで、みんなに相談したいのは、まずは自分の仕事の仕方。いまの仕事のやり方を見直すにはどうしたらよいか、智慧を借りたいと思います」

Iさんは少し涙を流しながらも、笑顔が戻ってきたので、支援メンバーのトーンも軽くなりました。Iさんには車座の外に出てもらい、解決策のアイディア出しが始まりました。最初の深刻な感じも薄まり、かなりスムーズに進行し始めました。

「これってさぁ、Iの仕事のやり方の問題もあるけど、Iの上との関係が問題じゃないのか？　かなり無理な目標を押し付けられてしまっている、ということはないのかなぁ」

「確かに、Iは昔から自分の問題を抱えるところがあるからなぁ。それでも、優秀だから、できちまうんだけどさぁ。Iの苦しい胸の内も、部下にざっくばらんに話したほうがいいのかもな。妙にいい人ぶるところ、あるんだよなぁ」

「そのIの部下は、こんど俺のチームに来ることになるらしいんだけど。何か俺が役に立てることあるんじゃないか。Iにも入ってもらって、最初に3人で話し合えるといいなぁ。Iにとっても、区切りになるんじゃないか。俺もそのほうが助かるし」
「今度はいったん部下なしになることだし、もう一度、客観的に他の人のマネジメントの仕方を観察してみたら、いいよなぁ。俺も一度外れたときに、初めて部下の気持ちが分かったような気がする。充電して、リセットするいいチャンスだよ」

背中越しに、メンバーのアイディアを聞きながら、うなずいたり、苦笑いしたり、Iさんが目に見えて、ほぐれていくのが分かりました。最後に輪に戻ったIさんが感想を共有しました。

「今日の機会は、本当に助かりました。ありがとう。思い切って話させてもらって、よかったです。自分の中でも、少し区切りがついたような気がする。いつの間にか自分が加害者になっていた、という事実を受けとめられた気がする。

悪意がなかったのは間違いないけど、一生懸命にやることが、ときにこういう事態を招くことがあることを受け容れることができた。自分は悪いことをした、いや、別に悪いことはしていない、という変な堂々巡りから、抜け出ることができたような気がする。

「今日は本当にありがとうございました」

部下がうつになったのは、Ｉさんのマネジメント・スタイルも、確かにひとつの要因かもしれませんが、部下の性格も要因ですし、それを見逃していた上司も、要因のひとつでしょう。さらにこの事例では、会社の組織風土に、真の問題が潜んでいるようにも見えます。Ｉさんが真面目な分、原因を究明するアプローチだけでは、Ｉさん自身が自分に問題の原因を還元してしまい、自らを追い込んでしまう可能性があります。

誰が原因と、原因を特定できない問題の場合には、いったん相談者は、その問題をメンバーに分け持ってもらうことで、いい距離感で問題を振り返り、自分の問題として引き受けることから、解決の一歩は始まります。支援メンバーが、相談者の問題を分け持つには、共感的な理解は不可欠です。

しかし、共感しすぎてはいけません。どこかで冷静な眼を持って、Ｉさんがどういう思考構造で、この問題を捉えているのか、思考の癖を聴いていることが大切です。それは特別な専門性が必要なことではなく、常識レベルの話、いわば「うん、それって、ちょっと変じゃないの？」という感覚レベルで十分です。その感覚から生まれる質問をシンプルに伝えることが、相談者の悪い思考のループをほぐすキッカケになるのです。

当事者同士でも実践できるか

智慧の車座は、同じような悩みを抱えている、同じような立場・役割のメンバーで実施するのが、基本です。そのようなメンバーであれば、共感的な理解をベースにした問題解消が可能となるからです。一方、当事者同士、たとえば上司─部下の混成チームの場合は、実践が難しい場合があります。どうしても当事者同士ですと、誰の意見が正しいのか・間違っているのか、対話ではなく議論になってしまったり、また、相談者の語りを聴いていると、支援メンバーは自分が責められているように聞こえてしまい、反論したくなったりしてしまうからです。

またさらに、支援メンバーが、自らも当事者であるがゆえに、無責任で、自由な発想が難しくなってしまうからです。自分の立場にこだわってしまうから、とも言えましょう。当事者同士でも、「智慧の車座」を実践することは可能なのでしょうか。

難易度が高いのは間違いありませんが、過去の事例から考えると、できないことはないと思います。成否の鍵は、司会進行役（ＭＣ）の力量です。問題解決思考的な匂いがしたときには、対話が議論に変質しそうになったときには、MCが迷わず介入して、その流れを止める必要があります。一瞬のためらいがあると、場の流れは一気にいつもの左脳的な世界に戻ってしまいます。

必要なときに迷わず迅速に介入できるようにするためには、MCは全体の流れを俯瞰できている必要があります。通常の「智慧の車座」では、MCも自分の意見を言ったり、支援メンバーのひとりとして参加していますが、**当事者同士の場合は、発言は控えて、全体の流れの行き先を見守ることに集中するほうがよいでしょう。**一歩引いて、少し距離をとる。イメージとしては、輪の外から関わる感覚です。そして、いったん介入したら、長々とそこには留まらず、さっと引くのも大切です。長くその場にとどまっていると、MC自身が議論の中に取り込まれてしまうからです。

事例3　当事者同士のタブーをほぐす

次の事例は、実際の当事者同士の間で行われた車座です。司会進行役（MC）がどのように介入するか、注目してください。また今回の相談テーマは、個人が抱える理不尽な問題とは少し異なりますが、当事者間のタブーとされていた案件がどうほぐれていくか、そのプロセスを見てみましょう。

Kさん（46歳）は、機械メーカーのベテラン営業マンです。かねてから自分が担当している一般産業用機械の社内ステータスを向上させてみたいと考えていました。かつては事業部の稼ぎ頭だった一般産業用機械のチームも、ここ数年、伸び悩みが続き、最近では影で社内のお荷物と呼ばれるような状況にありました。

また、たまたま偶然ですが、智慧の車座のチーム編成で、Kさんの直接の上司にあたるU部長と斜め上の上司にあたるN部長がメンバーに入ることになりました。少し厄介なのは、U部長とN部長は、社内でも有名なライバル関係にあることです。決まった際には、思わず場に緊張感が走りました。

これは何かが起こるかもしれないと思い、わたしはこのチームに張り付いて、コトの推移を見守ることにしました。そういう状況下で、Kさんは思い切って、ここ数年、自分の中で温めていた活性化プランを語り始めました。

「最近、全社の売り上げを見ても、ますますエレクトロニクス分野の比重が高まり、わたしの担当している一般産業用は社内のお荷物、という状況が続いています。その結果、メンバーも絞り込まれてしまい、西日本地区では担当者が実質ひとりになっているような状況です。わたしは、入社以来、この分野をやってきましたが、まだまだ深掘りできると思っています。わたしが言うのも変ですが、再度、わたしにベテラン営業マンを5人、預けてもらえないでしょうか。一度、試してみたい営業モデルがあるのです」

これは、両部長を前にして、事業部のタブーに触れただけでなく、事実上、自分のためのポジションを作ってほしい、というような、かなり大胆な内容でした。あまりにも大胆な内容だったので、支援メンバーの質問も、腰が引けたような、あたりさわりのない内容がされます。

「どんなメンバーだったら、いいのですか？」
「ターゲットはどこに置いているのですか？」
「売り上げの見込みはどれくらいありますか？」

まずは、状況確認の質問です。

「一般産業用を深掘りするということは、顧客をもっと絞り込め、ということなのかなぁ、それとも、戦力の集中ということなのかなぁ、どっちだ？」

おやおや、「深掘り」というキーワードを拾っているのはよいのですが、AかBか、という選択型の質問、自分の理解の枠組みに相談者をはめこむのはいけません。シンプルに、「『深掘りする』ってどういうイメージか、もう少し話してみて？」と、質問を変更してもらいました。

そんなやりとりがあった後で、Kさんの斜め上の上司であるN部長が口火を切りました。

「Kさんはさぁ、結局、いまの営業体制を一度解体して、Kさんを中心とした遊撃部隊をつくりたいじゃないの？」

「はい、まさしく、その通りです。僕に預けてもらえれば、最終的には、いま課題になっている若手の育成にまで、行けると思ってます」

Kさんが「吾意を得たり！」と嬉しそうに反応する姿を、少し苦々しい顔で聞いていた直接の上司U部長が、次の質問者です。

「Kさんが言ってるのは、要は、西日本の一般産業用がうまくいってない、という問題意識から始まってるんじゃないのか？」

おやおや、ちょっと気まずい空気になってきました。西日本地区はN部長の管掌です。そこで、わたしは迷わず介入しました。

「ちょっといいですか。ここは何が正しいか、正しくないかではなく、Kさんがどう考えているのか、それを確認していきましょう。U部長の狙っているところは、そもそもKさんが、どういう問題意識で、このプランを考えたのか、ということですよね。そうであれば、こんな質問にしてみたらどうでしょう。「どんな問題意識がKさんに働いて、このプランを思いつかせたのだろう？」。どうでしょうか」

「そうそう、それが聞きたかった。いかんね、どうしても自分の理解を押しつけたくなって、すまんねぇ」

隣に座っているライバルのN部長からも笑いがこぼれました。このやりとりをきっかけにして、何が正しいのか、誰がいけないのか、原因究明型の質問が減り、冗談も出てくるようになってきました。

「一般産業用と言っているから、いつまでたっても一般のまま、総論のままなんだよなぁ」

大爆笑です。Kさん本人も会社の一般産業用という括りで発想しているので、いまひとつ、本意が伝わらなかったのです。

「僕が考えているのは、各地域の工業地帯に入り込んでいって、業界を問わず、一度、水平展開をやってみたい。それはN部長の管掌になっている○○工業地帯なんです。そこを集中的にベテランを投入して、一度つぶしてみることで、突破口が見えるような気がしているんです。ちょっと越境行為になりますが、これをどうやったらできるのか、それをみなさんに相談したいです」

これが、最終的にKさんが選んだテーマです。このテーマの下で、U部長、N部長も、いったん自分の立場を離れて、無責任にアイディア出しに取り組みました。

「確かに全社的な方向性からはずれているけど、試してみる価値はありそうだよね」

「Kさんは、これはもう○○は、やってるのかなぁ。基本だけど」

「俺が言うのも変だけど、俺なら、社内の○○さんをまず巻き込むな。そのほうが話としては聞きやすいかも」

「○○工業地帯といえば、S社があったよなぁ。S社の担当者と製造のG部長は懇意だから、あそこから紹介してもらったらいいじゃないか？」

Kさんは背中越しに支援メンバーの話を聞きながら、うなずいたり、頭を抱えながら、一生懸命メモをとっています。

アイディアが出切ったところで、Kさんは輪に戻ります。

「ありがとうございました。いやぁ、もうドキドキでした。自分ができていないことが、次から次へと見えてきてしまって。でも、いっぱい、アイディアをいただきました。最初はかなり迷ったのですが、肚を括って、テーマとして出してよかったです。長年、抱えてきたことなので、スッキリしました。一度、正式に提案させてもらいます」

本人のコメントを聞いていたU部長です。

「いやぁ、いいなあ。こういう対話もいいなぁ。俺もいつも詰める議論ばっかりしてるから、Kさんがこういう案を持っているとは全然知らなかったよ。N部長とは、一般産業用について、来年度は何か対策を練る必要があると、先日も話していたところだったんだ。その流れをうまく使ってくれよ。

それにしても、ざっくばらんに、他の部門のメンバーの視点が聞けて面白かった。たまに、ウチの会議でもやってみよう。結論を求めない会議。結論を出さなくてもいい会議。結局、俺の営業スタイルを押しつける会議になっているのかもしれんなぁ」

終わりのチャイムを鳴らした後で、思わず出てくる声には、いつも微笑ましいものが

ありります。U部長とN部長が、笑顔を交わしている風景が印象的でした。

この事例では、司会進行役（MC）が迷わず介入することがポイントでした。対話が議論に流れそうになる流れを食い止めたのです。あそこで、「ちょっといいですか」と介入せず、U部長の質問をそのまま流してしまったら、その後、N部長も黙ってはいられません。原因究明、問題解決モードが止まらなくなったでしょう。議論は議論を呼んでしまうのです。Kさんの語る内容が事実かどうかも大切ですが、それ以上に大切なのは、**「Kさんが何を伝えたくて、この話をあえて、この場でしているのか？」**という点です。それが車座で展開したい対話の主筋なのです。

このセッションが成功した要因は、司会進行役（MC）の介入です。それは間違いありませんが、実は隠れた成功の要因が他にもあるように思います。特に、今回が当事者同士のケースだからです。それは、Kさんが当事者の前で、「あえてこのテーマを提示した」、そのことにあると思います。

とても面白いと思うのですが、相談者は無意識に、どのテーマを、どこまで話したらよいのか、その場で瞬間的に選択しているようです。どこまで支援メンバーを信頼するのか、相談者は試される。支援メンバーも、どこまで話してもらえるのか、試されている。恐らくK

さんは、思い切って身をゆだねる覚悟で、このテーマを持ち出したのでしょう。彼の本気度が、支援メンバーの真剣な関わりを呼び覚ましたように思えるのです。

相談者が、「何を、どこまで話すのか」、この相談者の自己開示のレベルによって、車座の質が決まるのではないか、と思っています。それゆえ、専門家を必要としないのです。本当に困っている人、本当に悩んでいる人が、素直に生々しく自分を語ることが、対話の場を創り、問題をほぐすことができるのです。とてもシンプルなことです。

当然、それでもほぐせない問題もあります。その場合には、専門家に依頼する必要があります。しかし、最初から何でも専門家に丸投げしてしまう、アウトソーシングしすぎてしまうと、自浄作用が働かなくなり、かえって組織は弱くなってしまうように思うのです。

このほかにも、いくつか企業内での実践事例がありますが、その紹介は紙数の制限もあるので、また別の機会に譲りたいと思います。ご参考までに、他にどんな活用方法があるのか、車座を体験した某社中堅リーダーたちが、会議ホワイトボードに書いた内容を、そのまま箇条書きにしておきます。

・お互いの問題を共有する仕組みとして

・お互いのノウハウ（成功事例・失敗事例）を共有する仕組みとして
・他部門から意見を収集する仕組みとして
・ヨコとのつながり強化（他事業の業務理解）の仕組みとして
・若手育成の仕組みとして
・いらぬ不安を解消する手法として活用する
・判断に困っているテーマに関して活用する
・利害関係のない者同士で活用する

組織開発支援としての「智慧の車座」

最後に、こうした実践事例から見えてきた「智慧の車座」による副次的な効果を整理しておきます。「副次的」と書いているのには訳があります。本来の目的は、組織の中の個人が抱える理不尽な問題をほぐしあって自分を立てなおすことです。したがって、最初から狙っていたわけでなく、うまくいくと結果的に、組織にとっては、こういう効果がある場合もある、そんな参考程度で理解していただければ幸いです。こちらがメインになってしまうと、どうも主従が逆転し、場が白々しく、ちょっとクサくなってしまいますので。会社でみなさんが主体的に実施する際の名目にでもしてもらえれば結構です。

①問題を通してつながる（＝ヨコのネットワークの形成）

会社の中の、同じ立場、同じ役割を持っている人同士で車座を実施すると、お互いの問題が共有され、あの人の問題はわたしの問題でもあり、わたしの問題はあの人の問題であることにも気づきます。問題を通して、共感が生まれ、つながりあうことができるのです。この信頼感が、結果的に「ヨコのネットワーク」の形成につながっていきます。5章のA銀行新任女性管理職の事例と同じような展開です。

②共通感覚の再確認（＝企業DNAの継承）

車座を順番に繰り返していると、当然、違いはあるけれど、違いと同時に、共通点が浮き彫りになってくるのです。それは、入社以来、知らぬ間に身体に沁み込んでいる、その会社の持っている仕事の型や価値観であったり、メンバー同士の「共通感覚」です（5章、126ページ参照）。たとえば、社会インフラを担っている公益系企業では、社会の基盤を担っているという自負を誰もが潜在的に持っており、事故や災害が起きたときでも、決して逃げない。損得抜きで、まずは現場に駆けつける、という行動様式が身体に刻まれています。そうしたメンバーが潜在的に持っている「共通感覚」をあらためて言語化し、活性化することは、企業価値の伝承という点で、非常に大切な組織開発上の仕掛けです。

③暗黙知の活性化（＝個人の体験が経験化される）

お互いの問題に対して、いい意味で、無責任に解決案の提案をしていると、予想以上に個人の暗黙知、経験知が刺激されてきます。自分の問題を解くときにはなかなか出てこないものですが、他人の問題となると、発想が自由になるせいか、おもわぬアイディアが出てくる場合がよくあります。これまでの個人的な体験が、他人に助言・アドバイスしようと言語化されることで、経験化されるのです。暗黙知が形式知に変換される、とも言えましょう。

こうしてお互いが個人的な悩みを起点に、脳みそと懐を貸しあって、「各自のノウハウを言語化し、共有する」という仕組みは、組織としての知識創造のサイクルを回しているといえます。

この章では、自分を立てなおすために、小集団のチームで問題をほぐす手段として、「智慧の車座」の実践事例をご紹介しました。車座は、２人１組で「自分を語る対話」よりも、かなり実践しやすい手法です。聴き手の負担を数人で分担していることから、個人のコミュニケーション力に依存しなくてもよいからです。その活用目的も、個人的な問題ほぐしに留まらず、多様に開かれています。ぜひ、みなさんのまわりで、活用していただければ嬉しいです。

ちなみに……ですが、みなさんが、この車座を実践することで、実質的に個人のコミュニケーション力（＝傾聴力と質問力）やストーリー思考（物語思考）の筋肉トレーニングをする場にもなるはずです。

8 絶対感覚×共通感覚

かなしみはちからに
欲《ほ》りはいつくしみに
いかりは智慧に　みちびかるべし。
（宮澤賢治[1]）

自分を支えている言葉を自覚する

組織の理不尽な問題に直面した場合には、その問題を論理的に解決しようとすると、どうしても問題の深みにはまってしまうことがあります。原因を特定することができても、実行できないことから、かえって悶々として、苦しくなってしまうことが多いからです。そんな場合には、「問題をいきなり解こうとする前に、あえて問題を主観的に語りなおし、問題をほぐしてから、まず自分を立てなおす」という、発想を紹介してきました。

自分を立てなおすために「問題をほぐす」とは、あえて問題を主観的に語りなおすことによって、〈本音〉を吐き出し、〈本音〉の底に隠れている〈本心〉を自らの手で見出そう、というものです。そして、その〈本心〉を基本に据えて、自分で変えられることに集中していく、それが自分の〈本気〉をつくりだす、という内容でした。

つまり「自分を立てなおす」とは、数ある理不尽な問題群の中から、自分がオーナーになれるテーマとなれないテーマに腑分けする、ということです。つまり、それは「変えられないことを受け容れる〝落ち着き〟と、変えられることに踏み出す〝勇気〟を持つ」ということでした。それは具体的には、自分のはまりやすい「認識の癖」、悪循環の思考のパターンを自覚することで抜け出し、自分を動かすストーリーを持つ、ということです。

個人セッションであれ、集団セッションであれ、「自分を立てなおす」という過程に立ち会っていると、よく目撃する現象があります。それは、ある種の言葉を発して、多くの人が自分を立てなおしていく。その言葉を起点にして、新しいストーリーが動き始める、という現象です。その言葉とは、「自分を支えている言葉」です。自分で自分を支える、力強い言葉です。

「自分の仕事はもうここまで、と思っていたけど、ここからなんですね」
（統合新会社、企画担当）

「やっぱりモノづくりは、ひとりじゃ、できないんだよなぁ」
（産業機械メーカー、エンジニア）

「僕の後ろには、もう誰もいない。だから、逃げない、逃げられない」
（公益企業、現場担当主任）

「僕は必ず一発、あてますよ。研究者ですから」
（化学メーカー、研究者）

「自分の好きなこと、やっていいんですよね」
（製薬メーカー、研究者）

特に、リーダーとなる人には、この自分を支えている言葉を明確に自覚することは、とても大切な行為です。その言葉は、困難な状況にあるとき、自分を支えるだけでなく、まわりにも影響を与えるからです。実際、ある大統合を実施した新会社では、マネージャーの間で、こんな会話がひんぱんに交わされていました。

ウチの新しいトップたちは、「新しい会社では、ベスト・プラクティスを目指そう。シナジー効果を出していくぞ」とよく口にするけど、それってなんだろうね。カタカナで、よく分からんよ。概念的で、軽い。言葉の重みがないよな。株主向けの説明は、それでいいのかもしれないけど。「要は、O社のやり方に揃えろっ！てことか？　人員を削減しろっ！てことか？」と、つい裏読みしたくなる。もっと自分の言葉で語ってほしい。俺たちは、どこを目指そうとしているのかを。裏が透けて見えるような言葉を使ってほしくないよな。

経営者にとっては、耳の痛い指摘です。業界再編を目指して、合併統合を実施した会社では、つい株価対策で株主向けの説明に注力しますが、意外と社内向けの発信はおざなりになりがちです。新会社を引っぱる経営トップも、コンサルタントやアナリストが使う概念言葉だけでなく、自分の身体からほとばしるような言葉を発信してもらいたいものです。

わたしが経営者の個人セッション、いわゆるエグゼクティブ・コーチングをする場合でも、ここにまず重点を置きます。実際に、いろいろな経営者をインタビューする機会がありますが、惚れ惚れするような経営者は必ず自分の言葉を持っています。たとえば、研究開発型化学メーカーC社のシニア・フェローは、自分のやってこられた研究開発人生を振り返り、こう言われました。

「壁があるなら、越えればいい」

その方の研究開発人生がにじみ出ている言葉です。その人独特の表現であり、その人が語るからこそ、伝わるものがある言葉です。

真のリーダーは、その人の体験に裏打ちされた言葉を持っている。

これが、わたしなりのリーダーの定義です。最近、政治家の言葉が軽くなったと言われていますが、おそらく本人が自分の体験を内省し、言語化する作業を軽んじているからのように思われます。幸い、わたしは国政選挙で、ある若手政治家のスピーチ・ライターをする機会を得ました。その政治家の、これまでの人生経験をインタビューし、彼のキーワードを演説の中にちりばめていく作業は、とてもエキサイティングな経験でした。語る言葉には力が宿っている。それが自分のみでなく、他人をも突き動かしていく。まさしく言霊です。

絶対感覚――自分なりの感覚を養う

理不尽や不合理な状況に陥っても、「自分を支える言葉」を起点に、自分を立てなおす。

こうした経験を重ねると、その先には、どんな世界が待っているのでしょうか。最初はそんなに格好良くはいかないものです。試行錯誤を繰り返しながらも、辿り着く先は、どんな心境なのでしょう。

問題をほぐすことで、自分を立てなおす経験を積み重ねている人には、「絶対の感覚」が生まれてきます。「自分を支えている言葉」が積み重ねって、自分なりの「判断軸」「価値軸」が形成されてくるのです。そして、自分で自分の感覚を信じられるようになる。まわりの評価とは別の次元のものです。

それは、絶対音感ならぬ、「絶対感覚」とわたしたちが呼んでいるものです。(2)「絶対感覚」とは、理不尽な問題に感情的に振り回されることなく、まわりの評価や価値判断、評判に揺れることなく、自分の気持ちの収まりどころが分かっている、そんな感覚です。相対感とはま逆の絶対的な世界。わたし自身もまだその途上にすぎませんが、それは恐らくひとつの自己受容の形といえるでしょう。自分で自分の感情エネルギーを使いこなせる状態ですから、自分自身へのストレスも少なく、まわりに負のエネルギーをまき散らすこともない。極めてエコなのです。

ちなみに、この「絶対感覚」という身体感覚は、発想法としても、極めて重要です。ある製薬メーカーの研究開発トップが、若手研究者に対して次のような話をされていました。

「正解のない問題、いわゆる一般解のない問題に対して、自分はこうしたい！と言えますか？　いま、ウチの組織には、線路を運転するのがうまい人は多いけれど、線路を引ける人が少ない。自ら線路を引いて、まわりが納得して付いてくるには、自分の話に「流れ」が必要です。「この問題は、こうした背景があって、その中からわたしはこういう材料をピックアップして、こう判断している」。こういう話をどんどんわたしのところに持ってきてほしい。それを待っています」

（製薬メーカー、研究担当役員）

この話を若い研究者たちと一緒に聴いていて、わたし自身、「論理だけでなく、右脳的なストーリーで考えるのにしても、絶対感覚は大切だなぁ」と、再確認しました。「こうした背景があって、その中からわたしはこういう材料をピックアップして、こう判断している」とは、つまり、「相対感ではなく、自分なりの絶対的な感覚で材料を選びとり、その材料と材料の間に、どのようなつながりや意味があるのか、それを自ら読み解く」ということです。現実の問題の中から、自分なりの感覚で材料を選びとり、つながり、流れ（ストーリー）の中で、現実を押さえ、理解しているのです。

ストーリー思考（物語思考）は、人間が現実世界を理解する、原始的な思考形式だそうです[3]。縄文時代の人たちは、昼間に命がけの狩猟をして、夜には焚火を囲んで、今日の成果を語り合ったことでしょう。そして、そこから独自の狩猟のノウハウを編み出していったのでしょう。

ノウハウを編み出し、継承する際に、もっとも大切なのは、その材料を選びとる感覚を共有することだったのではないでしょうか。それは論理的に解説できるものではなく感覚として共有するもの、マニュアルで伝えることができるものではなく、口伝で身体から身体へと伝承していくものです[4]。

この本の最後に、感覚の話を持ち出しているのには、理由があります。それは、感覚こそが、その人の行動様式を決める出発点だと思うからです。思考レベルではなく、感情レベルが、さらには感覚レベルが、その人の行動様式を左右している。

感覚↓感情↓思考↓行動（感じて、受けとめ、考えて、行動する）

ある行為・行動の結果、理不尽な問題を複雑化させてしまっているとしたら、その行為・行動を生み出している、思考の癖をほぐしていく必要がある。それには、感情レベルで、ほぐさなければいけない。感情レベルをほぐして、抱えている葛藤や自己矛盾を、認められるようになりたい。受けとめられるようになりたい。それは、ある種の自己受容であり、自分を赦《ゆる》す、さらには他者を赦せるようになるということでした。つまり、自己受容できているとは、自分なりの得心《とくしん》できる感覚を練れている、ということなのでしょう。

行動の癖を直すために……↓思考の癖をほぐす必要があり……
↓感情の癖を認めて↓自分なりの絶対感覚を練る

自分を立てなおす、という行為は、つまるところ、自分なりの絶対感覚を養う、感覚を練る、と

いうことなのです。

「絶対感覚」という、自分なりの身体感覚があって、自分の中心軸がはっきりしている人は、不思議なことに、他人の中心軸も感じられるようになってくるようです。きっと自分の大切な感覚を自覚するようになると、相手のそれにも敏感になるのでしょう。相手の軸が感じられると、その人の行動や、発言の背景や真意が、自然に理解できるようになります。つまり、絶対感覚をベースとした自己理解が、他者理解を促進するのです。

その結果、ちょっとした意見の相違や判断の違いも、見逃したり、許せるようになってくる。すると、働いていることが少し楽になってくる。続けていければ、他の人との関係性も改善してくるはずです。自分の軸と相手の軸の共通点を見つけて、そこをベースに良質な関係性を作っていけばいいからです。

共通感覚──参加メンバーの共通の感覚を自覚する

自分を支えている言葉を知り、自分の内なる「絶対感覚」を養っていく。「自分を立てなおす」

ことの本質は、ここにあると言っても過言ではありません。しかし、これはひとりでできるものではありません。自分のことを語りなおすには、相手があってこそ、語りなおせるのです。自分を語る対話を通じて、車座を通じて、お互いが本音を明かしあうことによって、理不尽な問題はほぐされ、自分の立てなおしが進むのです。その相互作用は、「自己理解と他者理解の掛け算が起きている」と、言えるでしょう。

5章や7章で見ていただいたように、同じ社内のメンバーと集団セッションや車座を行うと、「絶対感覚」と同時に、そこに参加しているメンバーの共通の価値観、さらには共通の感覚的なものが、言語化されることがよくあります。「わたし」の話が、「わたしたち」の話になってくる。語りの主語が、「俺」から「俺たち」になってくるのです。

「そう、俺たちはメーカーなんだ。モノづくりが、好きなんだよね」

（総合電機メーカー、主任エンジニア）

その場の誰もが思わずうなずくようなひと言が生まれると、それが引き金となって、その場の一体感が生まれてきます。そして、その中で、自分のオリジナルな感覚もより鮮明になってくる。**集団の「共通感覚」の中で、個人の「絶対感覚」が冴えてくるの**です。自分の中にあるる組織観が活性化してくるのでしょう。お互いが、「自分の中の組織を語る」状態に入っているのです。その結果、社内における自分の立ち位置やスタンスが、より明確に言えるようになってくる。

絶対感覚×共通感覚＝立てなおしの起点を作る（図8－1）

共通感覚に支えられた絶対感覚、絶対感覚に支えられた共通感覚の発露が、自分を立てなおす際の新たな起点となるのです。

社内で行われるダイナミックな集団セッション、車座には、この公式が必ず成り立っています。

図8-1｜自分を立てなおす起点をつくる

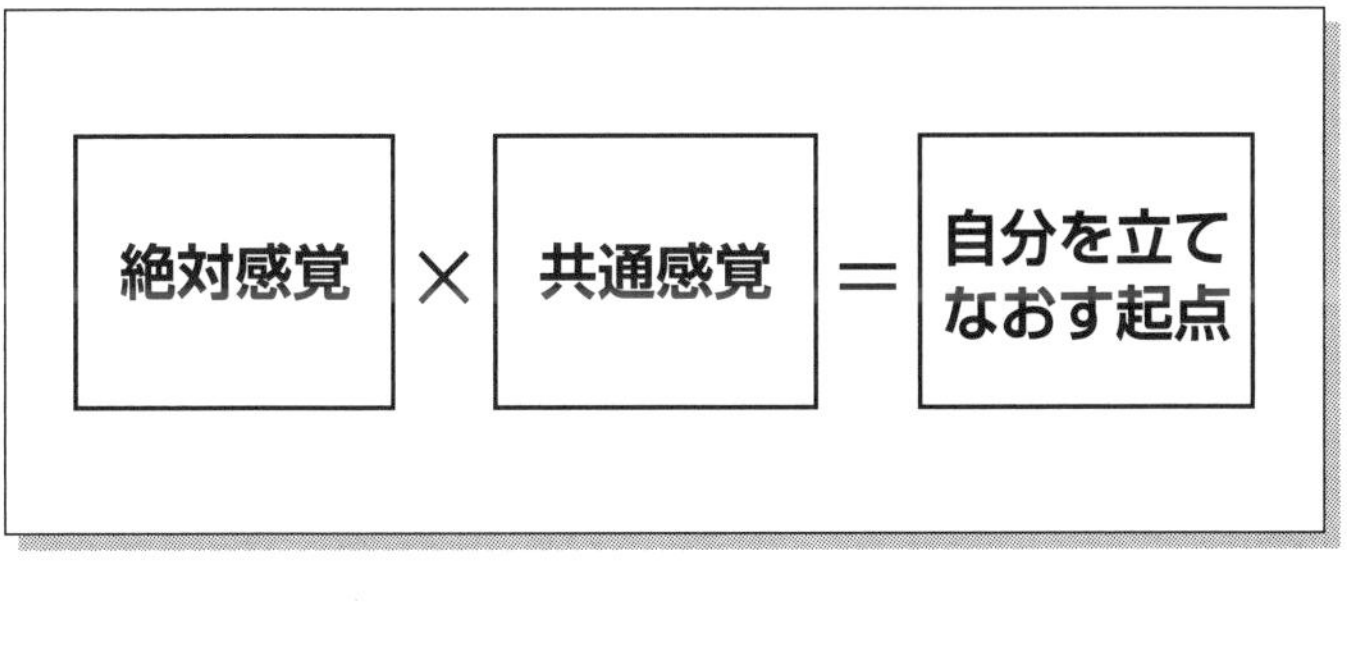

▶組織への帰属欲求を前提にして成り立つ公式

自分の「器」を作る

組織の理不尽な問題をどう受けとめているのか、合っているのか間違っているのかを脇に置いて、分析的にならず、あえて主観的に、無責任になって、語りなおしてみる。一連の不平不満が吐き出された後には、参加者の中に「共通感覚」が生まれ、個人の中に眠っている「絶対感覚」が蘇ってくる。そして、組織の理不尽な問題も、悶々とした気持ちも、自分の懐に抱くことができるような心境になってきます。そして……

「小さな自分に気がついた」

「尻の穴の小さいヤツですね、オレって」

と、つぶやいたりするのです。

経営者をインタビューさせていただいて「この人はすごいなぁ」と、こちらが思わずあこがれてしまう経営者は、組織の矛盾や理不尽さを呑みこんでいる器の大きい人です。心理学的には、「自己効力感が高い人は、他者肯定感も高い」という表現になるのかもしれませんが、日本語には、「肚のある人」「肚の据わった人」「肚の大きい人」など、肚に関する豊かな表現があります。幕末の勝海舟が残した『氷川清話』に、西郷隆盛を表したこんな文章があります。

坂本龍馬が、かつておれに、先生しばしば西郷の人物を賞せられるから、拙者も行つて会ツて来るにより添書をくれといツたから、早速書いてやつたが、その後、坂本が薩摩からかへつて来て言ふには、成程西郷といふ奴は、わからぬ奴だ。少しく叩けば少しく響き、大きく叩けば大きく響く。もし馬鹿なら大きな馬鹿で、利口なら大きな利口だらうといつたが、坂本もなかなか鑑識のある奴だヨ。西郷に及ぶことが出来ないのは、その大胆識と大誠意とにあるのだ(5)。

今風にいえば、人間力ということになるのでしょう。

理不尽さの中で苦しみ、幾多の自己矛盾と葛藤を乗り越えてきたからこそ、〝痛み〟を知っている。それゆえ、他者の痛みにも敏感になり、常に全体を見晴らしている。自分の痛みだけに呑みこまれていない人です。単なる頭の回転の速さ、地頭のよさ、といった能力面だけではなく、組織の不合理や理不尽さを経験した人が持っている懐の大きさ、相手を包み込む人間的な魅力です。

自分を立てなおす、その繰り返しの先では、そんな人物になりたいものです。器のある人は魅力的です。自分の中に響くものを持っている。自分の動かし方を知っている。自分の中に、自分なりの北極星を持っている。それにまわりも思わず共鳴してしまう。その人のあこがれに、あこがれてしまう。そして時代の呼びかけに応じた、大きな仕事を為すことも可能になる。

まず自分を動かすことで、人が動く。そして結果的に、仕事も動くのです。

自己は語ることで形成される

若いころは、世の中が用意してくれた枠組みに入れる自分になることが夢でした。あるときからは、自分なりに目標を設定して、その自分になることが、わたしの自己実現でした。最近は少し変わってきて、いつでも、いまここからリセットして、再スタートできるんだなぁ、という感じがしています。何かになろう（Become someone）とするのではなく、自分の素に戻る（Become oneself）、そんな感覚です。

自分というアイデンティティがどこかにあるのではなく、いま、ここにいる自分をリアルに語りなおすことで、いまからでも自由に形成できるもの。自分の体験を語りなおすことで経験化する。「**語ることで自己は形成される**」という表現に、とてもリアリティを感じています。いまの自分を率直に語りなおして、その中に伸ばしていきたい筋を見出していけばいい。理不尽な状況に置かれていても、語りなおすことで小さな自我を解体して、まず少しでも楽になってもらえればと願っています。

最近、特に社会全体の価値体系がゆらぎ、「何がよくて、何が悪い」「こうなれば、こうなる」とは一概に言えなくなってきました。世界はこう動く、日本はこうなるだろう、ウチの業界はこうなって、ウチの会社はこうなる、とは、誰も単純に言えなくなってしまいました。

個人を安心して包み込んでくれるような、「大きな物語」は喪失してしまったのです。「大きな物語」が失われてしまった時代、中心が見えない時代だからこそ、個人が自らで自らの物語を紡ぐ必要があります。

しかし、物語はひとりでは紡げません。社内外に語りあえる仲間を持ち、自分のことを語れる場を持って、自分を立てなおしていきましょう。自らの内にある哀しみ、欲や怒りを認め、受け容れながらも、自身の内に宿る力、慈《いつく》しみ、智慧を、ともに見出していきましょう。

かなしみはちからに
欲《ほ》りはいつくしみに
いかりは智慧に　みちびかるべし。
(宮澤賢治)

全体の輪

深い対話ができ、個人が調（ととの）ったときには、美しい輪ができることが多い。

（1）「1921年　友人保坂嘉内への手紙」から（宮澤賢治著、川原真由美画『あたまの底のさびしい歌』新宿書房、2005年）

（2）「絶対感覚」という表現は、志村遊月氏（日月庵庵主）との長年の対話から生まれたものです。志村氏からの貴重な示唆に感謝します。

（3）物語思考は、正確にはナラティヴ・モードと言われています。物語ることは、認識の方法のひとつです。ナラティヴ・セラピーでは、「人間は、物語ることを通じて、自らの経験を構造化して理解し、現実を構成していく」と考えられています。ジョン・マクレオッド著、下山晴彦監訳『物語としての心理療法』（誠真書房、2007年）第2章「認識としてのナラティヴ」を参照。

（4）わが国では、特に武術の伝承において、繰り返しの反復練習を通じて、師範の身体感覚を弟子に伝授する、いわば身体から身体へダウンロードすることが、とても重視されているように思われます。

（5）勝海舟著、江藤淳・松浦玲編『氷川清話』（講談社学術文庫）講談社、2000年

あとがき

最後までお読みいただき、ありがとうございました。「自分も、会社の仲間を探して、ちょっとあの話をしてみようかなぁ」と思っていただけたならば、この本を書いてみようと思った筆者の想いが、みなさんに届いたことになります。

本書は、実践家としての十数年にわたる試行錯誤の記録です。執筆にあたっては、組織で働いている人の葛藤に焦点を合わせるか、対話の場づくりの技法に焦点を合わせるか、最後まで迷いました。最終的には、今回は思い切って、組織で働く人が、どうやって葛藤や自己矛盾を抱えていけるようになったのか、そのプロセスにフォーカスしてみました。組織の中で悩んでいる人、迷っている人、モヤモヤ感を感じている人たちのお役に立つことができれば嬉しいです。ぜひ読者のみなさんのご意見やご感想をお聞かせください。

本の中では、比較的うまくいった事例を紹介していますが、当然、中には、失敗事例もたくさんあります。対話の場で醸成される絶対感覚、共通感覚、さらにそこから生まれる納得感を土台で支えているものは、組織への帰属欲求（所属欲求）だと感じています。「俺たちの会社」という帰属欲求を大前提として、対話の場の空気感を見ながら、個人の絶対感覚や潜在的な共通感覚にライブで働きかけていくのが、私のアプローチです。なかなか対話が深まらない場合には、大前提に立ち返ってみるとよいようです。

本書では、組織で働くということは、自己矛盾や葛藤を抱えざるを得ないということ、そういう状況で、自分を立てなおすために、問題を解決しようとする前に、まず一度、問題をほぐしてみよう、と繰り返し書いてきました。

自分を語る対話によって、理不尽な問題をほぐし、自分を立てなおす。深い対話ができた場合には、不思議ですが、なぜか対話の場に、美しい輪が現れます。個人の内面が調《ととの》うからでしょう。その美しい輪は、信頼関係の象徴です。この信頼関係を起点にすると、どんなチームや組織ができるのでしょうか。いつか機会があれば、また実践の記録をまとめてみたいと思っています。

最後に、実践のコツをひとつだけ。問題をほぐそう、ほぐそう、と、あまり頑張らないことです。問題は話しているうちに、自然にほぐれるのです。ほぐれるのを待つのです。これはわたし自身への戒めでもあります。「問題を|ほぐす」というよりは、「問題は|ほぐれる」と

いう感じでしょうか。そういう姿勢が、語り手にも、聴き手にも、大切だと思います。つい、力んでしまうものですから。

本書は、筆者にとっての初の単著です。長いもので、2年がかりのプロジェクトになりました。この2年間は、わたし自身が個人的な問題を抱えた時期でもあり、実際に自分を立てなおしながらの執筆となりました。実際の現場で起きている感覚的なことを、なかなかうまく言語化できず、筆が止まりそうになったことが、何度もありました。壁にぶち当たりながらも、自分の体験をさまざまな角度から語りなおすことによって、わたしが皆さんに一番伝えたかったテーマ、「自分を立てなおす」に、ようやく辿り着くことができました。

したがって、この本は本当にたくさんの方たちに支えられてできあがっています。本書を締めくくるにあたり、ひと言、感謝の気持ちをお伝えしたいと思います。

上田純子さんには、対話のパートナーとなり、今回の執筆を応援していただきました。野口裕二先生、志村遊月さん、宇都出雅巳さん、榎本英剛さん、中野民夫さん、藤川大策さん、これまでの信頼と友情に感謝します。

また、これまでの実践を支えてくださった方たち、宇野聡美さん、志田栄一さん、株式会社セルムのみなさん、博報堂大学のみなさん、なんだかよく分からないけど任せてみよう、と言ってくださった企業の企画・人事担当者のみなさん。

そして何よりも、実際の対話セッションに参加してくださった参加者のみなさん。みなさんが見せてくれた「本音の対話」が、私の活動の原動力です。この場を借りて、あらためてお礼申し上げます。

最後に、日本経済新聞出版社の堀江憲一さんには本当にお世話になりました。とても感覚的で分かりにくかった内容に、ほどよい枠組みと方向性を与えていただきました。ありがとうございます。

奇しくも、本書の脱稿後に、東日本大震災が発生しました。被災された方たちに、心よりお悔やみとお見舞いを申し上げます。実際にボランティアで被災地に足を踏み入れると、そこにはまさしく言葉を失う光景が広がっていました。ここから、わたしたち自身をどう立てなおしていくのか。語りの力を信じています。わたしたちの世代は、子供たちの世代に、何は捨て、何を残していけるのでしょうか。それを共に語り合いながら、新しい言葉を紡ぎ出し、希望の一筋を見出していきたい。そう願っています。

2011年5月

新緑の月山を望む丘にて

加藤　雅則

著者紹介

加藤 雅則（かとう・まさのり）
1964年、愛知県生まれ。1987年、慶應義塾大学経済学部卒業後、日本興業銀行に入行。1992年、カリフォルニア大学バークレー校経営学修士を取得（MBA）。復帰後、投資銀行業務に従事する。1998年、環境教育機関の立ち上げを目指し、同行を退職。心と自然のつながりの回復を志すものの、挫折する。その後、“コーアクティブ・コーチング”に出会い、日本における普及に取り組む。2001年より、コーチングをベースとした独自の対話プログラムを開始する。合併統合、リストラ、昇格選抜漏れ、事業の立ち上げ、研究開発の断念など、組織で働く個人が直面する正念場において、「自分を立てなおす機会」を提供してきた。「本音の対話」の実践を通じて、組織における個人の生き方を探求している。過去十数年のセッション体験者は延べ人数で２万人以上、セッション時間は１万時間を超える。

現　在：
株式会社アクション・デザイン代表（actiondesign.jp）
プロセス・ファシリテーター、ICF認定プロフェッショナル・コーチ、博報堂大学講師

著　書：
『ナラティヴ・アプローチ』（部分執筆、勁草書房、2009年）
『コーチング・バイブル』（共訳、東洋経済新報社、2002年）
『ビジネス・リーダーへのキャリアを作る技術・考える技術』（共著、東洋経済新報社、2001年）

自分を立てなおす対話

2011年6月1日　1版1刷

著　者　加藤 雅則

発行者　斎田 久夫
発行所　日本経済新聞出版社
〒100-8066　東京都千代田区大手町1-3-7
[URL] http://www.nikkeibook.com/
電　話　(03) 3270-0251 (代)
印刷・製本　中央精版印刷株式会社

ISBN978-4-532-31707-2